為推進建設中國特色社會主義事業引法戰虔作出新更貢獻

二〇〇九年八月 王勝俊

中国少年司法

2023年第2辑 （总第56辑）

杨万明 主编

最高人民法院少年法庭工作办公室 编

人民法院出版社

图书在版编目（CIP）数据

中国少年司法. 总第56辑 / 杨万明主编；最高人民法院少年法庭工作办公室编. -- 北京：人民法院出版社，2024. 9. -- ISBN 978-7-5109-4214-3

Ⅰ.D926.84

中国国家版本馆CIP数据核字第2024AF8381号

中国少年司法　2023年第2辑（总第56辑）
杨万明　主编
最高人民法院少年法庭工作办公室　编

责任编辑	杨晓燕
出版发行	人民法院出版社
地　　址	北京市东城区东交民巷27号（100745）
电　　话	（010）67550508（责任编辑）　67550558（发行部查询）
	65223677（读者服务部）
客服QQ	2092078039
网　　址	http://www.courtbook.com.cn
E－mail	courtpress@sohu.com
印　　刷	三河市国英印务有限公司
经　　销	新华书店

开　　本	787毫米×1092毫米　1/16
字　　数	188千字
印　　张	13.5
版　　次	2024年9月第1版　2024年9月第1次印刷
书　　号	ISBN 978-7-5109-4214-3
定　　价	68.00元

版权所有　侵权必究

《中国少年司法》
编辑委员会

主　　任　杨万明　沈　亮

副 主 任　段农根　何　莉　陈宜芳

委　　员　孙玲玲（北京）　程庆颐（天津）　徐茂明（河北）

　　　　　　杨　宏（山西）　那　澜（内蒙古）　牛克乾（辽宁）

　　　　　　姜富权（吉林）　靳　岩（黑龙江）　黄祥青（上海）

　　　　　　毕晓红（江苏）　周招社（浙江）　张　兵（安徽）

　　　　　　黄石勇（福建）　居国屏（江西）　傅国庆（山东）

　　　　　　陈连东（河南）　姚智明（湖北）　杨　翔（湖南）

　　　　　　洪适权（广东）　周　腾（广西）　王　萍（海南）

　　　　　　孙海龙（重庆）　刘　楠（四川）　蒋　浩（贵州）

　　　　　　董国权（云南）　郭建海（西藏）　焦玉珍（陕西）

　　　　　　贾靖平（甘肃）　魏文超（青海）　李　帆（宁夏）

　　　　　　周志豪（新疆）

执行编辑　岳　琳　江　媞

特约编辑　陈伟红（北京）　吴纪奎（天津）　马胜泉（河北）
　　　　　　李　智（山西）　郭云楼（内蒙古）宋晓枫（辽宁）
　　　　　　齐东妍（吉林）　初　泽（黑龙江）孟　猛（上海）
　　　　　　王　蔚（江苏）　郑晓红（浙江）　王　帅（安徽）
　　　　　　胡立峰（福建）　汤媛媛（江西）　罗　莹（山东）
　　　　　　杜燕萍（河南）　张云燕（湖北）　尹玄海（湖南）
　　　　　　莫君早（广东）　纪　娜（广西）　盖　曼（海南）
　　　　　　高　翔（重庆）　刘丽君（四川）　赵　君（贵州）
　　　　　　杨晓娅（云南）　牟　强（西藏）　闫　涛（陕西）
　　　　　　袁亚伟（甘肃）　佟松树（青海）　张晓霞（宁夏）
　　　　　　张晓彤（新疆）

目 录

【法院公众开放日】

未成年人保护是系统工程,联动才能抓实
　　——最高人民法院举办"法治护航 伴你成长"六一公众
　　开放日活动 首席大法官与代表委员、专家学者、
　　师生共商未成年人司法保护 ………………………………（ 1 ）

【政策法规】

最高人民法院　最高人民检察院
　　关于办理强奸、猥亵未成年人刑事案件适用法律若干问题的解释
　　（2023 年 5 月 25 日）………………………………………（ 5 ）
《最高人民法院、最高人民检察院关于办理强奸、猥亵未成年人
　　刑事案件适用法律若干问题的解释》的理解与适用
　　……………………………………………… 何　莉　赵俊甫（ 9 ）
最高人民法院　全国妇联
　　印发《关于开展家庭教育指导工作的意见》的通知
　　（2023 年 5 月 29 日）………………………………………（24）
相关负责人就《关于开展家庭教育指导工作的意见》
　　答记者问 ………………………………………………………（31）
最高人民法院　最高人民检察院　公安部　司法部
　　关于印发《关于办理性侵害未成年人刑事案件的意见》的通知
　　（2023 年 5 月 24 日）………………………………………（36）

教育部　最高人民检察院等 16 部门
关于印发《全面加强和改进新时代学生心理健康工作
专项行动计划（2023—2025 年）》的通知
（2023 年 4 月 20 日） ………………………………………（ 45 ）

【典型案例】

最高人民法院、中华全国妇女联合会发布保护未成年人权益
　司法救助典型案例
（2023 年 5 月 29 日） ………………………………………（ 54 ）
检察机关加强未成年人网络保护综合履职典型案例
（2023 年 5 月 31 日） ………………………………………（ 71 ）

【地方发布选登】

北京市未成年人保护条例
（2023 年 5 月 26 日第三次修订） …………………………（ 84 ）
《北京市未成年人保护条例》的理解与适用 …………张雪梅（103）
北京互联网法院未成年人网络司法保护白皮书（2022.6—2023.5）
（2023 年 5 月 25 日） ………………………………………（115）
黑龙江省高级人民法院发布保护未成年人权益典型案例
（2023 年 6 月 1 日） …………………………………………（150）
江西省高级人民法院发布未成年人权益保护典型案例
（2023 年 5 月 31 日） ………………………………………（162）
广东省高级人民法院发布未成年人司法保护典型案例
（2023 年 5 月 30 日） ………………………………………（175）
四川省高级人民法院发布未成年人司法保护典型案例
（2023 年 5 月 31 日） ………………………………………（186）

【法院公众开放日】

未成年人保护是系统工程，联动才能抓实
——最高人民法院举办"法治护航 伴你成长"六一公众开放日活动
首席大法官与代表委员、专家学者、师生共商未成年人司法保护

习近平总书记深刻指出，少年儿童是祖国的未来，是中华民族的希望。[①] 为让孩子们度过一个有意义的节日，让成长成才之路更加宽广顺畅，2023年6月1日，最高人民法院以"法治护航 伴你成长"为主题，举办六一公众开放日活动。最高人民法院党组书记、院长张军同来自北京市第二中学、北京景山学校的百余名师生共庆"六一"儿童节。

"未成年人正处于不断学习、成长的过程，除了依法审理好相关案件，更应当注意弘扬优良家教家风，帮助未成年人走正路。""'六大保护'是一项系统工程，法院把工作做到未成年人犯罪之前，很有必要。""建议往薄弱地区多派一些法治副校长。""建议法院与教育部门问题共享、数据共研、源头共治，强化早期干预，注重未成年人犯罪的'治未病'工作。""少年审判具有鲜明的中国特色，建议相关司法理论研究也要跟上。""未成年人案件很特殊、社会很关注，建议请专业社会组织、专业律师参与进来，与专业法官一起把工作做好。""家庭教育促进法的落实，需要家庭、学校、社会融合推进，建议司法多发挥指导作用。""发生在学校的未成年人之间的侵权行为，很多是一时冲动，建议多教育

---

① 《习近平：让社会主义核心价值观种子在少年儿童心中生根发芽》，载《人民日报》2014年5月31日。

挽救，依法少刑事处罚。"……在加强新时代少年审判工作座谈会上，全国人大代表吴华侠、陈海仪，全国政协委员刘林，北京师范大学法学院教授宋英辉，北京青少年法律援助与研究中心主任佟丽华，上海社科院法学所所长姚建龙，北京市东城区教育委员会副主任杨进勇，北京市第二中学副校长冀红杰，北京景山学校校长邱悦在发言中充分肯定近年来人民法院依法保护未成年人合法权益的做法及成效，结合未成年人保护中存在的新情况新问题，对进一步织密司法保护网提出意见建议。张军认真记录，不时互动交流。

"这场座谈会是开放日的一项内容，也是一个求计问策会。多年来，代表委员、有关单位、专家学者与人民法院一道，共同推动少年审判工作不断向前发展，非常感谢大家。"张军指出，正如大家发言中讲到的，当前少年审判工作面临新的形势任务，习近平总书记对加强未成年人保护高度重视，作出重要指示。昨天，习近平总书记在育英学校考察，对未成年人教育、保护提出明确要求，激励我们少年司法审判工作要在"抓前端、治未病"上下更大功夫。最高人民法院少年审判工作办公室要在监督指导全国法院少年审判工作中，进一步贯彻落实习近平法治思想，有力促进落实少年审判刑事、民事、行政三合一司法保护机制，强化家事审判对未成年人的保护，回应学校、社会、网络保护中涉及的民事、行政、执法司法等方面的问题，携手公安机关、检察机关共同筑牢未成年人保护的堤坝。

"在孩子们的节日，'大朋友们'为守护小朋友健康成长提出了33条真知灼见"，张军表示，"既感谢大家对少年审判工作的大力支持和殷切希望，又感到肩上沉甸甸的政治责任。我们将扎扎实实研究、吸纳，协同有关方面一起抓好落实。"对如何进一步做好新时代少年审判工作，张军提出要求，要把习近平总书记考察北京育英学校时的重要讲话精神落实好，在思想上更加重视未成年人司法保护工作，呵护孩子们成长为德智体美劳全面发展的新时代好儿童。要进一步推进少年审判理念的现代化，树立保护性司法、联动性司法的意识，会同有关方面共同做好未成年人司法保护。要在推动具体落实上久久为功，提升"肯担当"的境界、增长"能担当"的才干、修炼"善担当"的智慧，创造性地抓好业务条线的落实，协调联动抓实抓出精彩。

教育部副部长王嘉毅指出，近年来，教育部坚决落实习近平总书记重要指示精神，与最高法密切配合，指导各地教育部门不断完善体制机制，共同保护少年儿童身心健康、促进全面成长。下一步建议从四个方面深化合作，不断加大未成年人司法保护力度。一是依法从严从重打击侵害未成年人犯罪行为；二是做好对未成年被害人救助、未成年罪犯安置帮教等工作；三是充分发挥法治副校长的作用，指导学校开展法治教育；四是通过短视频普法、选树未成年人审判工作先进典型等方式强化宣传，引导全社会共同关心关注未成年人健康成长。

座谈结束后，张军和"大朋友们"同孩子们一道观看了由北京市海淀区人民法院干警带来的模拟法庭。通过真实案例演绎，向孩子们呈现了一名16岁的少女因遭受家庭暴力而形成恶习，变本加厉欺凌他人，最后在司法机关的帮助下迷途知返的故事。

随后，学生代表为"大朋友们"系上红领巾。张军戴上红领巾与很是兴奋的孩子们互动，现场解答孩子们的一连串问题。

"如果遭遇网络侵害，应该怎样保护自己？"一名女同学问道。

"遇到这种情况，一定不能沉默。要第一时间向家长反映，向老师报告。"张军说，孩子们都还小，在鱼龙混杂的网络世界里分辨能力还比较弱，平时在上网学习时，要按照家长和学校的要求，自觉抵制不良网络视频。"如果自己感觉到视频里的内容或者陌生人的言行举止给自己带来了不适甚至伤害，要勇敢说出来。同时要认识到，对方的行为已经触犯了法律，坚决不能效仿。"

"对于防治校园霸凌现象，我们该怎么做？"一名男同学提问道。

张军回应，校园霸凌对孩子们的身心健康损害是极其严重的，我们不希望任何孩子碰到，但一旦碰到，绝不能隐忍、害怕，要第一时间向父母、老师反映。"未成年人保护是系统工程，全社会都要行动起来，形成一张保护网。"学校、家长要注意发生在孩子身上的细微变化,及时交流沟通。对于正在发生的校园霸凌,每个人都有义务出手制止。"法院也要利用好典型案例,震慑霸凌者的同时,鼓励受欺负的孩子和在场、路过的同学、成年人勇敢站出来。"

一位小同学用稚嫩的声音提问:"想要成为一名合格的法官,需要做哪些准备?"现场响起鼓励他的掌声。

"你这个问题问得好啊,引来了这样的掌声。"张军笑着说,"在你这个年龄段,首先应该好好学习,健康成长。考大学的时候选择法律专业,今后再通过国家统一法律职业资格考试,具备品学兼优的素质,那你最终就可能会成为一名法律工作者。"

"党中央始终关心关怀少年儿童健康成长,努力为孩子们创造更好环境。希望大家都能早日为党成才、为国奉献,成为父母的骄傲。"张军对所有孩子提出殷切希望。

最高人民法院党组成员、副院长杨万明出席活动。教育部、北京市东城区教育委员会、北京市第二中学、北京景山学校有关负责同志,部分新闻媒体代表,最高人民法院相关部门负责同志参加活动。

【政策法规】

最高人民法院　最高人民检察院
关于办理强奸、猥亵未成年人刑事案件
适用法律若干问题的解释

法释〔2023〕3号

(2023年1月3日最高人民法院审判委员会第1878次会议、2023年3月2日最高人民检察院第十三届检察委员会第一百一十四次会议通过

2023年5月25日最高人民法院、最高人民检察院公告公布

自2023年6月1日起施行)

　　为依法惩处强奸、猥亵未成年人犯罪，保护未成年人合法权益，根据《中华人民共和国刑法》等法律规定，现就办理此类刑事案件适用法律的若干问题解释如下：

　　第一条　奸淫幼女的，依照刑法第二百三十六条第二款的规定从重处罚。具有下列情形之一的，应当适用较重的从重处罚幅度：

　　（一）负有特殊职责的人员实施奸淫的；

　　（二）采用暴力、胁迫等手段实施奸淫的；

　　（三）侵入住宅或者学生集体宿舍实施奸淫的；

　　（四）对农村留守女童、严重残疾或者精神发育迟滞的被害人实施奸淫的；

　　（五）利用其他未成年人诱骗、介绍、胁迫被害人的；

（六）曾因强奸、猥亵犯罪被判处刑罚的。

强奸已满十四周岁的未成年女性，具有前款第一项、第三项至第六项规定的情形之一，或者致使被害人轻伤、患梅毒、淋病等严重性病的，依照刑法第二百三十六条第一款的规定定罪，从重处罚。

第二条 强奸已满十四周岁的未成年女性或者奸淫幼女，具有下列情形之一的，应当认定为刑法第二百三十六条第三款第一项规定的"强奸妇女、奸淫幼女情节恶劣"：

（一）负有特殊职责的人员多次实施强奸、奸淫的；

（二）有严重摧残、凌辱行为的；

（三）非法拘禁或者利用毒品诱骗、控制被害人的；

（四）多次利用其他未成年人诱骗、介绍、胁迫被害人的；

（五）长期实施强奸、奸淫的；

（六）奸淫精神发育迟滞的被害人致使怀孕的；

（七）对强奸、奸淫过程或者被害人身体隐私部位制作视频、照片等影像资料，以此胁迫对被害人实施强奸、奸淫，或者致使影像资料向多人传播，暴露被害人身份的；

（八）其他情节恶劣的情形。

第三条 奸淫幼女，具有下列情形之一的，应当认定为刑法第二百三十六条第三款第五项规定的"造成幼女伤害"：

（一）致使幼女轻伤的；

（二）致使幼女患梅毒、淋病等严重性病的；

（三）对幼女身心健康造成其他伤害的情形。

第四条 强奸已满十四周岁的未成年女性或者奸淫幼女，致使其感染艾滋病病毒的，应当认定为刑法第二百三十六第三款第六项规定的"致使被害人重伤"。

第五条 对已满十四周岁不满十六周岁的未成年女性负有特殊职责的人员，与该未成年女性发生性关系，具有下列情形之一的，应当认定为刑法第二百三十六条之一规定的"情节恶劣"：

（一）长期发生性关系的；

（二）与多名被害人发生性关系的；

（三）致使被害人感染艾滋病病毒或者患梅毒、淋病等严重性病的；

（四）对发生性关系的过程或者被害人身体隐私部位制作视频、照片等影像资料，致使影像资料向多人传播，暴露被害人身份的；

（五）其他情节恶劣的情形。

第六条 对已满十四周岁的未成年女性负有特殊职责的人员，利用优势地位或者被害人孤立无援的境地，迫使被害人与其发生性关系的，依照刑法第二百三十六条的规定，以强奸罪定罪处罚。

第七条 猥亵儿童，具有下列情形之一的，应当认定为刑法第二百三十七条第三款第三项规定的"造成儿童伤害或者其他严重后果"：

（一）致使儿童轻伤以上的；

（二）致使儿童自残、自杀的；

（三）对儿童身心健康造成其他伤害或者严重后果的情形。

第八条 猥亵儿童，具有下列情形之一的，应当认定为刑法第二百三十七条第三款第四项规定的"猥亵手段恶劣或者有其他恶劣情节"：

（一）以生殖器侵入肛门、口腔或者以生殖器以外的身体部位、物品侵入被害人生殖器、肛门等方式实施猥亵的；

（二）有严重摧残、凌辱行为的；

（三）对猥亵过程或者被害人身体隐私部位制作视频、照片等影像资料，以此胁迫对被害人实施猥亵，或者致使影像资料向多人传播，暴露被害人身份的；

（四）采取其他恶劣手段实施猥亵或者有其他恶劣情节的情形。

第九条 胁迫、诱骗未成年人通过网络视频聊天或者发送视频、照片等方式，暴露身体隐私部位或者实施淫秽行为，符合刑法第二百三十七条规定的，以强制猥亵罪或者猥亵儿童罪定罪处罚。

胁迫、诱骗未成年人通过网络直播方式实施前款行为，同时符合刑法第二百三十七条、第三百六十五条的规定，构成强制猥亵罪、猥亵儿童罪、组织淫秽表演罪的，依照处罚较重的规定定罪处罚。

第十条　实施猥亵未成年人犯罪，造成被害人轻伤以上后果，同时符合刑法第二百三十四条或者第二百三十二条的规定，构成故意伤害罪、故意杀人罪的，依照处罚较重的规定定罪处罚。

第十一条　强奸、猥亵未成年人的成年被告人认罪认罚的，是否从宽处罚及从宽幅度应当从严把握。

第十二条　对强奸未成年人的成年被告人判处刑罚时，一般不适用缓刑。

对于判处刑罚同时宣告缓刑的，可以根据犯罪情况，同时宣告禁止令，禁止犯罪分子在缓刑考验期限内从事与未成年人有关的工作、活动，禁止其进入中小学校、幼儿园及其他未成年人集中的场所。确因本人就学、居住等原因，经执行机关批准的除外。

第十三条　对于利用职业便利实施强奸、猥亵未成年人等犯罪的，人民法院应当依法适用从业禁止。

第十四条　对未成年人实施强奸、猥亵等犯罪造成人身损害的，应当赔偿医疗费、护理费、交通费、营养费、住院伙食补助费等为治疗和康复支付的合理费用，以及因误工减少的收入。

根据鉴定意见、医疗诊断书等证明需要对未成年人进行精神心理治疗和康复，所需的相关费用，应当认定为前款规定的合理费用。

第十五条　本解释规定的"负有特殊职责的人员"，是指对未成年人负有监护、收养、看护、教育、医疗等职责的人员，包括与未成年人具有共同生活关系且事实上负有照顾、保护等职责的人员。

第十六条　本解释自2023年6月1日起施行。

《最高人民法院、最高人民检察院关于办理强奸、猥亵未成年人刑事案件适用法律若干问题的解释》的理解与适用

何　莉　赵俊甫[*]

2023年5月25日，最高人民法院、最高人民检察院发布《关于办理强奸、猥亵未成年人刑事案件适用法律若干问题的解释》（法释〔2023〕3号，以下简称《解释》），自2023年6月1日起施行。《解释》的施行，对于依法从严惩处强奸、猥亵未成年人犯罪，加强对未成年人特殊、优先保护，将发挥重要作用。为便于司法实践中准确理解与适用，现就《解释》的制定背景、起草中的主要考虑和主要内容作简要介绍。

一、起草背景

未成年人是祖国的未来、民族的希望，党和国家历来高度重视未成年人保护事业，社会各界对此也高度关注。在侵害未成年人权益的各类问题中，强奸、猥亵等性侵害犯罪严重损害未成年人身心健康，严重践踏法律红线和伦理底线，社会反映强烈，人民群众深恶痛绝。

最高人民法院认真贯彻落实习近平总书记重要指示精神，坚持以人民为中心，高度重视性侵害未成年人犯罪审判工作，会同有关部门研究

---

[*] 作者单位：最高人民法院。

制定司法文件，发布依法重判包括判处死刑的典型案例，加强审判监督和业务培训，推动构建惩治、预防相关犯罪的联动机制试点，指导各地法院加大惩处力度，依法保障未成年人合法权益。

同时，由于性侵害未成年人犯罪情况复杂，刑法对部分犯罪加重处罚情节采取了相对概括的规定方式，需要总结实践经验，进一步加以明确。针对此类犯罪近年来出现的新情况、新变化，2021年施行的《刑法修正案（十一）》对奸淫幼女、猥亵儿童犯罪增加规定了多项法定加重处罚情节，并增设了负有照护职责人员性侵罪等罪名，对这些新修正条款如何适用，亦需要予以明确。

基于上述背景，最高人民法院自2021年以来，会同最高人民检察院深入调研，多次召开座谈会，听取法律、儿童医学、心理学领域专家，妇联、未成年人保护组织代表，法院、检察院等司法实务部门同志意见建议，在广泛征求意见、反复研究论证基础上，制定《解释》。2023年1月3日，最高人民法院审判委员会第1878次全体会议审议通过；2023年3月2日，最高人民检察院第十三届检察委员会第一百一十四次会议审议通过。

二、起草原则

性侵害未成年人犯罪危害大，社会关注度高，在起草《解释》稿时，我们坚持问题导向，织密刑事法网，落实全方位从严，主要考虑如下几点。

一是坚持依法从严惩处。《解释》聚焦打击锋芒，彰显从严惩处司法理念，进一步明确了相关犯罪的入罪条件和从重、加重处罚情节认定标准。例如，明确利用网络实施的猥亵行为的入罪条件；明确列举对奸淫幼女、强奸未成年人适用较重的从重处罚幅度的多项情形；明确强奸、猥亵"情节恶劣""造成被害人伤害"等多项加重处罚情形；明确对此类犯罪严格控制缓刑适用，以及依法适用禁止令、从业禁止。这对于进一步统一法律适用标准、加大惩处力度，具有重要指导意义。

二是坚持罪责刑相适应。《刑法》规定，奸淫幼女的，应当从重处罚，法定刑是三年至十年有期徒刑，情节恶劣的，加重处罚，法定刑是十年以上有期徒刑、无期徒刑或者死刑。对猥亵儿童罪，则规定处五年以下有期徒刑，猥亵手段恶劣，或者有其他恶劣情节的，要加重处罚，处五年以上有期徒刑。对于如何认定"情节恶劣""手段恶劣"，《刑法》的规定相对概括，并不具体。《解释》综合考虑不同情形下犯罪的主体、对象、地点、手段、危害后果等因素，对相关从重、加重处罚条款作了进一步明确和细化，确保罪责刑相适应、罚当其罪、刑足制罪。同时，考虑到性侵害犯罪的情形十分复杂，公众普遍存在要求从严惩处犯罪的朴素情感，《解释》对相关加重条款细化列举情形时，既明确回应公众诉求，也充分考虑加重条款与加重法定刑严厉程度之间的相当、平衡，对复杂、争议大的情形，给司法人员根据个案自由裁量预留必要空间，避免因规定过于机械造成罪刑失衡。

三是坚持特殊、优先保护。《解释》坚持未成年人利益最大化，充分考虑未成年人身心发育不成熟等特点，以及强奸、猥亵犯罪对未成年人身心健康造成的伤害，落实对未成年人的特殊、优先保护原则。例如，《刑法》规定，强奸妇女致其重伤、死亡的，加重处罚；《解释》规定，奸淫幼女致其轻伤或者感染严重性病的，就应当认定为造成幼女伤害，予以加重处罚，不要求达到重伤。对未成年人遭受性侵后需要进行治疗的，将所需的精神心理治疗和康复所需费用明确为物质损失，加大对未成年被害人的保护力度。

三、主要内容

《解释》共16条，主要明确刑法规定的强奸、猥亵、负有照护职责人员性侵等犯罪的从重、加重处罚情节，一些特殊猥亵行为的定罪标准，以及支持未成年被害人进行精神心理治疗和康复所需费用的范围等，具体包括如下六个方面的内容。

（一）明确奸淫幼女适用较重的从重处罚幅度的情形

《解释》第一条从特殊身份犯罪主体、危害性大的犯罪手段、特定犯罪场所、特别弱势犯罪对象、被告人有性侵前科劣迹等方面，对一些适用较重的从重处罚幅度的情形予以明确。主要考虑：根据《刑法》第二百三十六条第一款、第二款的规定，奸淫幼女的，以强奸论，从重处罚，第一档法定刑为有期徒刑三年以上十年以下，量刑幅度较大。近年来，因对该档量刑幅度把握失当而引发争议的案件时有发生，故有必要对量刑把握的情形予以细化。根据《最高人民法院、最高人民检察院关于常见犯罪的量刑指导意见（试行）》（法发〔2021〕21号，以下简称《量刑指导意见》）的规定，奸淫幼女一人的，可以在四年至七年有期徒刑幅度内确定量刑起点。根据司法实践经验，并参考2013年《最高人民法院、最高人民检察院、公安部、司法部关于依法惩治性侵害未成年人犯罪的意见》（法发〔2013〕12号，已废止，以下简称《惩治性侵意见》）的规定，《解释》第一条第一款列举了六项相对较严重的情节，规定适用较重的从重处罚幅度，具体幅度由司法人员结合《量刑指导意见》确定。换言之，相较于普通的奸淫幼女犯罪，具备上述所列六项情形的，量刑时更要体现依法严惩。例如，奸淫幼女一人一次，根据《刑法》规定，并适用《量刑指导意见》，可能以四年或者五年有期徒刑为量刑起点，那么，对于具有上述所列情形之一的，则可依法判处高于四年或者五年有期徒刑的刑罚，也就是在从重幅度的把握上更加体现从严惩处。

此外，鉴于《解释》第八条将侵入隐私部位实施猥亵的情形规定为"猥亵手段恶劣或者有其他恶劣情节"，应处五年以上有期徒刑，对根据《解释》第一条第一款确定适用较重的从重处罚幅度时，也应注意量刑平衡。对强奸已满14周岁的未成年女性，具有相关情形，或者具有"致使被害人轻伤、患梅毒、淋病等严重性病"情形的，依法从重处罚。对《解释》所列情形，择其重点，分述如下：

1. 负有特殊职责的人员实施奸淫的情形。"负有特殊职责的人员"概念曾规定于《惩治性侵意见》，《刑法修正案（十一）》规定了"对已满十四周岁不满十六周岁的未成年女性负有监护、收养、看护、教育、医疗等特殊职责的人员"构成负有照护职责人员性侵罪的主体要件，但该概念只见于《刑法》第二百三十六条之一。考虑到《解释》中其他多个罪名和条款亦多处使用"负有特殊职责的人员"概念，故《解释》第十五条对此作出了统一规定。此外，将因共同生活等形成对未成年人事实上（非法律意义上）负有特殊照护职责的人员（如继父或者一方的同居男友）明确为"负有特殊职责的人员"，以体现从严惩处。该条后半段要求"共同生活"且必须"负有照顾、保护等职责"，是因为如果只是在一起生活，但双方没有基于照护形成的不平等关系，就无特殊性可言，不能据此对双方自愿发生性关系的行为入罪或者加重处罚。比如，同在一个家庭中的哥哥与已满14周岁的未成年妹妹自愿发生性关系；或者只是偶尔一两次短暂受托看护未成年人，没有稳定的共同生活关系，就不宜认定为《刑法》和司法解释中规定的"负有特殊职责的人员"。

监护人、保姆、教师、教练、救助人、医生等对未成年人负有特殊职责的人员，具有接触被害人的便利条件，实施奸淫行为更为隐蔽，一般人难以发现，持续时间会更长，未成年被害人更难以抗拒和向有关部门揭露，危害更大。而且，此类人员实施的奸淫犯罪还有违其所负特殊职责，严重挑战社会伦理道德底线。故《解释》第一条第一款第一项规定适用较重的从重处罚幅度，体现依法严惩。

2. 采取危害性大的手段实施奸淫的情形。奸淫幼女构成犯罪，不要求采取暴力、胁迫等强制手段实施，但如果行为人采取上述强制手段的，对被害人伤害更大，故对《解释》第一条第一款第二项情形，应从严惩处。此外，《解释》第一条第一款第五项旨在严惩利用未成年人"猎艳"的行为。为奸淫未成年女性，引诱、腐蚀其他未成年人致使其成为强奸共犯，对被害人及被利用的未成年人均造成危害，故应从严惩处。

3. 侵入特定场所实施奸淫的情形。未成年人的住所、学生集体宿舍，是未成年人生活起居的主要场所,也是未成年人最应感到心理安全的场所。进入上述场所实施强奸、猥亵犯罪,严重冲击被害人的心理安全感,甚至在一定范围内造成公众恐慌,危害性大,故应从严惩处。

4. 针对特别弱势犯罪对象实施奸淫的。农村留守女童、严重残疾或者精神发育迟滞的被害人,是未成年人中的更脆弱者,更易受犯罪侵害,且危害更严重,故针对该类人员实施奸淫的,应从严惩处。

5. 有强奸、猥亵犯罪前科,又实施奸淫幼女犯罪的,前后两种行为均属性侵害犯罪,反映行为人主观恶性深、人身危险性大,故应从严惩处。

需要指出的是,《解释》只是对实践中常见多发、相对较严重的情形予以列举,不能据此认为,对《解释》没有规定的其他较严重情形,就不应从严惩处。例如,国家工作人员即使对未成年人并不负有监护、教育、救助等特殊职责,但其奸淫幼女的,相较于普通主体实施,危害、影响往往也更恶劣,同样应依法严惩。

(二) 明确强奸未成年人、奸淫幼女"情节恶劣"的加重情节

《解释》第二条旨在明确强奸未成年人、奸淫幼女"情节恶劣"加重处罚条款的认定标准。鉴于相关情节的加重法定刑起点刑即十年有期徒刑,最高直至死刑,故在列举加重情形时,综合考虑主体特殊身份、手段、持续时间、特殊对象、对被害人造成的危害及影响等因素予以列举,确保罪责刑相适应、罚当其罪、刑足制罪。

1.《解释》第二条第一项旨在严惩特殊身份主体多次强奸、奸淫的行为。负有特殊职责人员强奸、奸淫未成年人的犯罪易发,且危害大,影响恶劣,应适用较重的从重处罚幅度,但据此单一情节尚不足以加重处罚。此外,《刑法》第二百三十六条第三款所列六项加重处罚情节中,规定了"强奸妇女、奸淫幼女多人"的情形,未规定"多次强奸、奸淫"的情形,说明二者的危害性有所不同,《刑法》中的"多次"一般是指"三次以上",故不能对只有强奸、奸淫三四次的情形就加重处罚。

《解释》第二条第一项综合考虑"负有特殊职责"与"多次实施强奸、奸淫"两项因素，明确为情节恶劣。实践中，个别案件处理时对继父或者同居男友多次奸淫幼女的，仅判处六七年有期徒刑，量刑偏轻，对此确有必要明确。《解释》明确负有特殊职责的人员多次实施强奸、奸淫，即应认定为情节恶劣，也充分考虑了该类犯罪发生隐蔽、犯罪黑数高等特点，体现了罪责相当。

2.《解释》第二条第二项旨在严惩强奸、奸淫过程中严重摧残、凌辱被害人的恶劣行为。该类情形并非指单纯为了控制被害人而施加暴力的行为，而是指额外增加被害人身体及精神痛苦的变态行为。例如，长时间实施殴打、折磨，迫使被害人吞食尿液，棍棒侵入隐私部位等严重危及被害人身心健康、严重贬损人格尊严的变态行为。该类行为对被害人造成严重身体、精神痛苦与伤害，结合奸淫情节，足以加重处罚。《最高人民法院、最高人民检察院、公安部关于当前办理强奸案件中具体应用法律的若干问题的解答》（1984年颁布，已废止）曾规定，强奸妇女、奸淫幼女手段残酷的，属情节特别严重，处十年以上有期徒刑直至死刑，对本项的设置有一定参考意义。至于"严重摧残、凌辱"中"严重"的表述，旨在提示司法人员从确保罪责相适应的角度，根据案情结合常情常理进行判断。

3.《解释》第二条第三项旨在严惩使被害人沦为"性奴"的行为。该类行为既侵犯被害人性自主权，又侵犯其人身自由、身心健康，危害严重。鉴于非法拘禁、诱骗吸毒与奸淫行为有牵连关系，以强奸罪一罪加重处罚，更有利于从严惩处犯罪。需要指出的是，鉴于加重法定刑的严厉性，对其中的"非法拘禁"，应从持续时间等情节考察足以构成非法拘禁罪的情形，且行为人是出于奸淫目的而持续控制被害人。如果实际拘禁时间虽然短暂，但行为人控制被害人的具体情形足以反映其意图长期拘禁被害人以便奸淫的，例如，事先挖好地窖、购置铁笼等予以拘禁，也应认定为本项规定的"非法拘禁"，依法予以加重处罚。

4.《解释》第二条第四项旨在严惩多次利用未成年人"猎艳"的行

为,具体理由同第一条第一款第五项的说明,不再赘述。

5.《解释》第二条第五项旨在严惩长期强奸未成年女性的行为。"长期实施强奸、奸淫"是指在相对长的时间段内频繁强奸、奸淫的情形,侧重点在于强奸、奸淫次数多、频繁,不在于"多次实施强奸、奸淫"是否跨越了较长时间段,如半年或者一年。主要考虑:刑法中的"多次"概念指三次以上,但强奸三次即加重判处十年以上刑罚与行为的危害程度不相当,故本项规定为"长期实施强奸、奸淫"。该类行为对未成年人身心造成长期持续、反复的伤害,行为危害性大,行为人主观恶性深,在第一档三年至十年有期徒刑内处刑已无法罚当其罪,故有必要加重处罚。《解释》起草过程中,有少数意见认为,建议明确多久为"长期"以便司法适用,但多数意见认为,是否加重处罚不能简单考虑时间长短的因素,目前该项指引便于司法实践中结合案情合理把握强奸、奸淫行为的实质危害性。

6.《解释》第二条第六项旨在严惩奸淫精神发育迟滞被害人的行为。该类被害人自我防护意识和能力更弱甚至无防护意识和能力,因被奸淫而怀孕,往往不知求助、报案,易致身心受到更大伤害,并衍生其他社会问题,对行为人加重处罚,理据充足。

7.《解释》第二条第七项旨在严惩强奸并拍摄影像资料以此胁迫被害人或者加以扩散的行为。在信息网络时代,拍摄被害人隐私影像资料并以此胁迫对被害人强奸的,危害更大,影响恶劣;而扩散相关影像资料会给被害人精神带来二次伤害,对被害人名誉的负面影响更难消除,危害性不亚于《刑法》第二百三十六条第三款第三项规定的"在公共场所当众强奸"。该项后半段限定为"致使影像资料向多人传播,暴露被害人身份",主要考虑:如果影像资料只是某个身体隐私部位,也没有暴露相关个体身份信息,尚不足以使他人将特定隐私部位与被害人关联起来的,危害性就未达到需要加重处罚的程度。

《解释》起草过程中,对是否将"奸淫幼女致使怀孕"的情形解释为"情节恶劣"或者《刑法》第二百三十六条第三款第五项规定的"造成幼女伤害"，存在较大分歧意见。一种意见认为，实践中存在幼女与男性青少年在恋爱、交友过程中"自愿"发生性关系导致怀孕的情形，如果简单规定"怀孕"就加重判处十年以上有期徒刑，可能罪刑失衡。鉴于相关情况复杂，分歧意见大，《解释》对此暂未作规定，司法实践中可结合考虑犯罪主体、手段、奸淫次数及对被害人身心健康的影响等其中一项或者多项因素，判断致使幼女怀孕是否符合《解释》第二条第八项规定的"其他情节恶劣的情形"。

需要指出的是，因《解释》第二条所列情形对应的法定刑起点即十年有期徒刑，故《解释》设置的条件相对审慎。对只具有本条所列情形中部分情节、尚不足以加重处罚的，也应体现从严惩处。例如，负有特殊职责人员奸淫幼女，但未达多次的，或者对强奸过程拍摄被害人隐私影像资料，但未向多人扩散的，等等。

（三）明确奸淫"造成幼女伤害"的加重情节

《刑法》第二百三十六条第三款第六项本已规定造成重伤等严重后果的加重情节，《刑法修正案（十一）》新增"造成幼女伤害"的情形作为第三款第五项，显然旨在降低对幼女"伤害"程度的要求，即未达到"重伤"的，也可加重处罚。根据立法精神，《解释》第三条对"伤害"的情形予以列举。

1. 《解释》第三条第一项将"伤害"解释为"轻伤"，排除"轻微伤"，是为了与加重的十年以上刑罚相适应；排除"重伤"，是为了与《刑法》第二百三十六条第三款第六项（造成重伤等严重后果）之间进行区分，避免法条交叉重叠。

2. 《解释》第三条第二项规定了致使幼女患梅毒、淋病等严重性病的情形。致使幼女患梅毒、淋病等严重性病，不仅对幼女造成较大身体伤害，而且性病的"标签"易使其产生额外精神压力。本项限定为"严重性病"，是为了与加重的十年以上刑罚相适应。"严重性病"的范围，可参照适用《最高人民法院、最高人民检察院关于办理组织、强迫、引诱、容留、介绍卖淫刑事案件适用法律若干问题的解释》（法释〔2017〕13号）的相关规定。

3.《解释》第三条第三项规定的对幼女身心健康造成其他伤害，包括身体和精神心理的伤害。创伤应急障碍、抑郁症等精神心理伤害往往是强奸案件中幼女被害人所遭受的一种主要伤害，但鉴于精神心理伤害的鉴定及其与性侵害行为之间因果关系的判定更复杂和特殊，目前明确列举的条件尚不成熟，故仅作提示性规定，传递更加重视被害人精神心理健康的导向，具体留待实践把握。最高人民法院、最高人民检察院、公安部、司法部2023年5月24日联合发布的《关于办理性侵害未成年人刑事案件的意见》明确规定，应当全面收集能够证实未成年人被性侵害后心理状况或者行为表现的证据，未成年被害人出现心理创伤、精神抑郁或者自杀、自残等伤害后果的，应当及时检查、鉴定，该意见的施行，将为适用《解释》该项规定创造条件。

（四）明确负有照护职责人员性侵罪与强奸罪的界限及负有照护职责人员性侵罪"情节恶劣"的加重情节

根据刑法规定，与不满14周岁的幼女发生性关系，不论幼女是否自愿、同意，对行为人都以强奸罪论处，但对已满14周岁的女性，违背被害人意志发生性关系才构成强奸罪。鉴于对已满14周岁不满16周岁的未成年女性负有监护、收养、看护、教育、医疗等特殊职责的人员，与未成年女性之间存在不平等关系，为特殊保护该年龄段的女性，即使双方自愿发生性关系，也构成负有照护职责人员性侵罪，而且为便于打击那些是否违背未成年人意志难于查证、介于模糊地带的犯罪，填补强奸罪惩治漏洞，《刑法修正案（十一）》增设负有照护职责人员性侵罪。对于负有特殊职责人员利用对未成年人的优势地位或者未成年人处于孤立无援的境地，迫使被害人发生性关系的，实质是违背被害人意志的非自愿行为，对行为人不能认定为负有照护职责人员性侵罪，而应当以强奸罪定罪处罚。这种特殊关系型强奸，主要是利用人身支配关系压制女性反抗的非暴力威胁。例如，父母威胁不给生活费甚至以赶出家门威胁、医生威胁不给予恰当治疗、老师威胁不予考试通过、教练威胁不给予上场比赛机会等，迫使未成年女性与其发生性关系的，应当认定为违背被害人意志，构成强奸罪。鉴于强奸罪与负有照护职责人员性侵罪入罪条件和刑罚后果之间的差异，《解释》第六条对两罪的区分作出明确规定，以避免轻纵犯罪、确保罪刑均衡。

《解释》第五条分别从发生性关系的次数、人数、手段、对被害人造成的伤害等方面，明确何为《刑法》第二百三十六条之一规定的负有照护职责人员性侵罪的"情节恶劣"。其中，第三项规定"致使被害人感染艾滋病病毒或者患梅毒、淋病等严重性病的"，是考虑该项情形对被害人身心伤害更大，行为人主观恶性也更大，该项所列情形相当于严重危害后果，但鉴于《刑法》第二百三十六条之一并未比照强奸罪规定"其他严重后果"的加重条款，仅规定了"情节恶劣"，故《解释》作目前列举。

（五）明确猥亵"造成儿童伤害"的加重情节

《解释》第七条旨在对《刑法》第二百三十七条第三款第三项规定的"造成儿童伤害或者其他严重后果"进行列举，鉴于《刑法》该款还规定了"猥亵儿童多人或者多次""猥亵手段恶劣"等加重情节，本条对"伤害或者其他严重后果"作出程度上的限定，以便法条之间平衡，避免交叉重叠。

1. 《解释》第七条第一项，根据罪责刑相适应原则，对"伤害"程度相应限定为"轻伤以上"，以匹配五年以上有期徒刑的刑罚幅度。根据人身伤害相关司法鉴定规定，对儿童伤害程度在鉴定时会考虑儿童身心的特殊性，故目前限定不会轻纵犯罪。

2. 《解释》第七条第二项的主要考虑：致使儿童自残、自杀的，对儿童身心伤害较大，有必要界定为该条所规定的"其他严重后果"，予以加重处罚。

3.《解释》第七条第三项中"身心健康造成其他伤害"可包括儿童精神心理上受到伤害的情形,比如严重抑郁或者精神失常等,具体认定时可参照《解释》第三条第三项考虑的因素综合判断。

（六）明确猥亵儿童"手段恶劣"的加重情节

《解释》第八条所列情形,依照《刑法》规定均应判处五年以上至十五年有期徒刑;同时考虑奸淫幼女犯罪第一档法定刑为三年至十年有期徒刑,第二档为十年以上有期徒刑、无期徒刑或者死刑,故在本条加重情形的设置上,既体现猥亵儿童普通情节与加重情节在危害程度上的区分,也兼顾猥亵与强奸犯罪之间的量刑平衡。

1.《解释》第八条第一项所列情形均系侵入型猥亵,对儿童身心健康危害较大,不亚于强奸,国外不乏认定为强奸罪的立法例,但部分猥亵儿童案件既往存在量刑偏轻问题,故有必要根据刑法从严惩处猥亵儿童犯罪的立法修订精神,对相关加重情节予以明确列举。

2.《解释》第八条第二项规定的猥亵过程中有严重摧残、凌辱行为,会加重被害人身心痛苦,也反映出行为人主观恶性较深,应加重处罚。

3.《解释》第八条第三项规定的行为对被害人身心伤害特别是精神伤害更大,故应加重处罚。

（七）明确信息网络空间特殊猥亵行为的入罪标准

近年来,采取暴力、胁迫或者诱骗方式（例如,以招募童星、模特需试镜等为由）,让未成年人进行网络裸聊、拍摄裸照及视频的案件时有发生,有的行为人甚至以此对被害人进行要挟、控制进而在线下实施其他性侵害。该类行为严重影响未成年人身心健康,与传统接触式猥亵行为的危害性没有实质差异,且符合猥亵行为的类型性。故《解释》第九条明确界定为"猥亵",符合刑法规定的,依法定罪处罚。需要指出的是,《解释》第九条第一款针对的是猥亵儿童与猥亵已满14周岁不满18周岁的未成年人的两种情形,两种情形对构成猥亵犯罪涉及的犯罪对象、是否要求违背被害人意志有不同要求，故适用时需分别判断构成猥亵儿童罪还是强制猥亵罪，不能简单地认为诱骗十五六岁的未成年人裸聊、发裸照的，就必然属于"强制"猥亵，仍需根据在案证据，结合考虑未成年人身心特点，判断所采取的手段是否能达到违背未成年人意志的程度。

《解释》起草过程中，有意见建议明确与多名未成年人裸聊或者多次裸聊、索要裸照的，是否能适用《刑法》第二百三十七条第三款的规定加重处罚。鉴于信息网络空间的非接触性特点，危害程度与现实空间实施的猥亵相比，情形更复杂，《解释》对此未作明确。同时考虑的其他因素是，在现实物理空间中实施猥亵，既可能构成犯罪，也可能只构成治安违法，在信息网络空间实施索要裸照、裸聊等行为，如果确属情节显著轻微的，也存在以治安管理处罚的问题，但针对未成年人实施猥亵的，不论是在现实物理空间还是信息网络空间实施，在把握情节是否"显著轻微"、认定罪与非罪时，都应当体现对未成年人的特殊、优先保护，符合条件的即应依法定罪处罚。对在现实生活中，隔着衣裤抚摸儿童胸、臀部等"咸猪手"行为，如果手段明显较轻，持续时间短暂，情节显著轻微，但综合考虑针对多名儿童实施或者多次实施等情节，应以猥亵儿童罪论处的，是否同时适用"猥亵儿童多人或者多次"的加重情节判处五年以上有期徒刑，存在争议。例如，有的案件中，被告人在小学校门口趁放学人多拥挤，趁小学生不备，用手接连短暂触碰多名学生臀部或者胸部，随即逃离现场。对类似情形如何把握，经征询相关部门意见，多数认为，对猥亵儿童行为，既要旗帜鲜明彰显从严惩处，该定罪的必须依法定罪，同时也不能违背罪责刑相适应原则，对加重情节仍应审慎判断、适用，确保"罪""罚"相当。故对在信息网络空间实施非接触式猥亵行为的，应当结合实施猥亵的具体方式、被害人人数、次数、对被害人身心影响程度、被告人有无性侵害犯罪前科劣迹等因素，综合判断是否属于猥亵"情节恶劣"，对其中被害人人数或者次数等某一项因素特别突出的，也可以考虑认定为"情节恶劣"。

(八)明确性侵害案件中未成年被害人进行精神心理治疗和康复所需费用为物质损失

《解释》第十四条规定了对未成年人实施强奸、猥亵等犯罪造成人身损害的赔偿范围,并将根据鉴定意见、医疗诊断书等证明需要进行精神心理治疗和康复所需的相关费用,规定为人民法院可依法予以支持的合理费用,彰显对未成年人的特殊关爱、优先保护。研究制定《解释》时,立足法律与现实,充分兼顾法、理、情的平衡,考虑的主要因素有如下几点。

1. 彰显对未成年人的特殊关爱、保护,特别是对精神心理健康更加关注。精神伤害是性侵害犯罪的主要危害后果之一,但这一点以往容易被忽视。未成年人身心发育不成熟,受到性侵害后,一些被害人出现精神抑郁、创伤后应激障碍等精神疾病,如果不能及时治疗,会对未成年人成长、学习和生活造成长期负面影响,危害很大。《解释》明确了未成年人受到性侵害后可以主张民事赔偿的范围,并将未成年人进行精神心理治疗和康复所需的相关费用,明确为可依法获得支持的物质损失,有助于未成年人及时获得足够赔偿进行医疗诊治,早日走出被害阴影,回归正常生活。

2. 确保相关规定既于法有据,又能真正落地起到实效。刑事附带民事诉讼一并解决刑事被害人的民事赔偿诉求,具有诉讼便民、提高效率等重要价值。《刑事诉讼法》规定,被害人由于被告人的犯罪行为而遭受物质损失的,在刑事诉讼过程中,有权提起附带民事诉讼。《民法典》规定,侵害他人造成人身损害的,应当赔偿医疗费、护理费、交通费、营养费、住院伙食补助费等为治疗和康复支付的合理费用,以及因误工减少的收入。《解释》的相关规定完全符合《刑事诉讼法》《民法典》的规定。同时,《解释》要求,主张上述赔偿,应当有鉴定意见、医疗诊断书等证明材料,证明被害人需要进行精神心理治疗和康复。这一做法的目的是确保规定真正造福于确有医疗诊治需要的被害人,并且赔偿数额的认定有相应事实证据支持。

需要指出的是，该条第二款规定的表述是精神心理治疗和康复"所需"的相关费用，与第一款表述的治疗和康复"支付"的合理费用，措辞略有差异，主要考虑：主张赔偿医疗费，一般应以实际已发生和支付的费用为限，根据《最高人民法院关于审理人身损害赔偿案件适用法律若干问题的解释》（2022年修正）的规定，原则上只支持一审法庭辩论终结前已经实际发生的医疗费，此后发生的费用可另行起诉，但根据医疗证明或者鉴定意见确定必然发生的费用，也可以与已经发生的医疗费一并赔偿。相关规定对确定性侵害案件精神心理治疗和康复"所需"的费用有参照价值。鉴于性侵害犯罪造成的伤害具有特殊性，不少未成年被害人及其监护人对精神疾病知之甚少，不知道被性侵出现精神疾病后需要心理治疗和康复及如何治疗和康复；而且精神疾病的诊治复杂，有些严重的精神疾病诊治周期长，会出现在开庭审理刑事案件、一审法庭辩论终结前被害人尚未完全治疗康复的情况。对后续会产生的医疗费，被害人一般可在实际费用发生后另行起诉；对确有医疗诊断、鉴定意见等证明被害人存在严重精神疾病需要更长时间的治疗和康复，且能够明确大致所需费用的，为确保被害人能及时获得赔偿进行诊治，司法人员可结合在案证据和案件实际情况，依法裁判。鉴于精神心理治疗和康复具有专业性、复杂性，在适用《解释》时应准确理解规定的精神，坚持依法、稳妥的原则，通过司法裁判引导有医疗诊治需要的被害人及时诊治、依法维权，让未成年被害人切实感受到司法关爱，让全社会更加关注被害人精神心理健康。

最高人民法院　全国妇联
印发《关于开展家庭教育指导工作的意见》的通知

2023年5月29日　　　　　　　　法发〔2023〕7号

各省、自治区、直辖市高级人民法院、妇联，解放军军事法院，新疆维吾尔自治区高级人民法院生产建设兵团分院，新疆生产建设兵团妇联：

为促进未成年人的父母或者其他监护人依法履行家庭教育职责，维护未成年人合法权益，预防未成年人违法犯罪，保障未成年人健康成长，根据《中华人民共和国未成年人保护法》、《中华人民共和国预防未成年人犯罪法》、《中华人民共和国家庭教育促进法》等法律规定，结合司法实践，最高人民法院、全国妇联联合制定了《关于开展家庭教育指导工作的意见》。现予以印发，请结合实际认真贯彻执行。在执行中遇到的问题，请及时分别报告最高人民法院、全国妇联。

最高人民法院　全国妇联
关于开展家庭教育指导工作的意见

为促进未成年人的父母或者其他监护人依法履行家庭教育职责，维护未成年人合法权益，预防未成年人违法犯罪，保障未成年人健康成长，根据《中华人民共和国未成年人保护法》、《中华人民共和国预防未成年人犯罪法》、《中华人民共和国家庭教育促进法》等法律规定，结合工作实际，制定本意见。

一、总体要求

1. 人民法院开展家庭教育指导工作，应当坚持以下原则：

（1）最有利于未成年人。尊重未成年人人格尊严，适应未成年人身心发展规律，给予未成年人特殊、优先保护，以保护未成年人健康成长为根本目标；

（2）坚持立德树人。指导未成年人的父母或者其他监护人依法履行家庭教育主体责任，传播正确家庭教育理念，培育和践行社会主义核心价值观，促进未成年人全面发展、健康成长；

（3）支持为主、干预为辅。尊重未成年人的父母或者其他监护人的人格尊严，注重引导、帮助，耐心细致、循循善诱开展工作，促进家庭和谐、避免激化矛盾；

（4）双向指导、教帮结合。既注重对未成年人的父母或者其他监护人的教育指导，也注重对未成年人的教育引导，根据情况和需要，帮助解决未成年人家庭的实际困难；

（5）专业指导、注重实效。结合具体案件情况，有针对性地确定家庭教育指导方案，及时评估教育指导效果，并视情调整教育指导方式和内容，确保取得良好效果。

2. 人民法院在法定职责范围内参与、配合、支持家庭教育指导服务体系建设。在办理涉未成年人刑事、民事、行政、执行等各类案件过程中，根据情况和需要，依法开展家庭教育指导工作。

妇联协调社会资源，通过家庭教育指导机构、社区家长学校、文明家庭建设等多种渠道，宣传普及家庭教育知识，组织开展家庭教育实践活动，推进覆盖城乡的家庭教育指导服务体系建设。

各级人民法院、妇联应当加强协作配合，建立联动机制，共同做好家庭教育指导工作。

二、指导情形

3. 人民法院在审理离婚案件过程中，对有未成年子女的夫妻双方，应当提供家庭教育指导。

对于抚养、收养、监护权、探望权纠纷等案件，以及涉留守未成年人、困境未成年人等特殊群体的案件，人民法院可以就监护和家庭教育情况主动开展调查、评估，必要时，依法提供家庭教育指导。

4. 人民法院在办理案件过程中，发现存在下列情形的，根据情况对未成年人的父母或者其他监护人予以训诫，并可以要求其接受家庭教育指导：

（1）未成年人的父母或者其他监护人违反《中华人民共和国未成年人保护法》第十六条及《中华人民共和国家庭教育促进法》第二十一条等规定，不依法履行监护职责的；

（2）未成年人的父母或者其他监护人违反《中华人民共和国未成年人保护法》第十七条、第二十四条及《中华人民共和国家庭教育促进法》第二十条、第二十三条的规定，侵犯未成年人合法权益的；

（3）未成年人存在严重不良行为或者实施犯罪行为的；

（4）未成年人的父母或者其他监护人不依法履行监护职责或者侵犯未成年人合法权益的其他情形。

符合前款第二、第三、第四项情形，未成年人的父母或者其他监护人拒不接受家庭教育指导，或者接受家庭教育指导后仍不依法履行监护职责的，人民法院可以以决定书的形式制发家庭教育指导令，依法责令其接受家庭教育指导。

5. 在办理涉及未成年人的案件时，未成年人的父母或者其他监护人主动请求对自己进行家庭教育指导的，人民法院应当提供。

6. 居民委员会、村民委员会、中小学校、幼儿园等开展家庭教育指导服务活动过程中，申请人民法院协助开展法治宣传教育的，人民法院应当支持。

三、指导要求

7. 人民法院应当根据《中华人民共和国家庭教育促进法》第十六条、第十七条的规定，结合案件具体情况，有针对性地确定家庭教育的内容，指导未成年人的父母或者其他监护人合理运用家庭教育方式方法。

8. 人民法院在开展家庭教育指导过程中，应当结合案件具体情况，对未成年人的父母或者其他监护人开展监护职责教育：

（1）教育未成年人的父母或者其他监护人依法履行监护责任，加强亲子陪伴，不得实施遗弃、虐待、伤害、歧视等侵害未成年人的行为；

（2）委托他人代为照护未成年人的，应当与被委托人、未成年人以及未成年人所在的学校、婴幼儿照顾服务机构保持联系，定期了解未成年人学习、生活情况和心理状况，履行好家庭教育责任；

（3）未成年人的父母分居或者离异的，明确告知其在诉讼期间、分居期间或者离婚后，应当相互配合共同履行家庭教育责任，任何一方不得拒绝或者怠于履行家庭教育责任，不得以抢夺、藏匿未成年子女等方式争夺抚养权或者阻碍另一方行使监护权、探望权。

9. 人民法院在开展家庭教育指导过程中，应当结合案件具体情况，对未成年人及其父母或者其他监护人开展法治教育：

（1）教育未成年人的父母或者其他监护人树立法治意识，增强法治观念；

（2）保障适龄未成年人依法接受并完成义务教育；

（3）教育未成年人遵纪守法，增强自我保护的意识和能力；

（4）发现未成年人存在不良行为、严重不良行为或者实施犯罪行为的，责令其父母或者其他监护人履行职责、加强管教，同时注重亲情感化，并教育未成年人认识错误，积极改过自新。

10. 人民法院决定委托专业机构开展家庭教育指导的，也应当依照前两条规定，自行做好监护职责教育和法治教育工作。

四、指导方式

11. 人民法院可以在诉前调解、案件审理、判后回访等各个环节，通过法庭教育、释法说理、现场辅导、网络辅导、心理干预、制发家庭教育责任告知书等多种形式开展家庭教育指导。

根据情况和需要，人民法院可以自行开展家庭教育指导，也可以委托专业机构、专业人员开展家庭教育指导，或者与专业机构、专业人员联合开展家庭教育指导。

委托专业机构、专业人员开展家庭教育指导的，人民法院应当跟踪评估家庭教育指导效果。

12. 对于需要开展专业化、个性化家庭教育指导的，人民法院可以根据未成年人的监护状况和实际需求，书面通知妇联开展或者协助开展家庭教育指导工作。

妇联应当加强与人民法院配合，协调发挥家庭教育指导机构、家长学校、妇女儿童活动中心、妇女儿童之家等阵地作用，支持、配合人民法院做好家庭教育指导工作。

13. 责令未成年人的父母或者其他监护人接受家庭教育指导的，家庭教育指导令应当载明责令理由和接受家庭教育指导的时间、场所和频次。

开展家庭教育指导的频次，应当与未成年人的父母或者其他监护人不正确履行家庭教育责任以及未成年人不良行为或者犯罪行为的程度相适应。

14. 人民法院向未成年人的父母或者其他监护人送达家庭教育指导令时，应当耐心、细致地做好法律释明工作，告知家庭教育指导对保护未成年人健康成长的重要意义，督促其自觉接受、主动配合家庭教育指导。

15. 未成年人的父母或者其他监护人对家庭教育指导令不服的，可以自收到决定书之日起五日内向作出决定书的人民法院申请复议一次。复议期间，不停止家庭教育指导令的执行。

16. 人民法院、妇联开展家庭教育指导工作，应当依法保护未成年人及其父母或者其他监护人的隐私和个人信息。通过购买社会服务形式开展家庭教育指导的，应当要求相关机构组织及工作人员签订保密承诺书。

人民法院制发的家庭教育指导令，不在互联网公布。

17. 未成年人遭受性侵害、虐待、拐卖、暴力伤害的，人民法院、妇联在开展家庭教育指导过程中应当与有关部门、人民团体、社会组织互相配合，视情采取心理干预、法律援助、司法救助、社会救助、转学安置等保护措施。

对于未成年人存在严重不良行为或者实施犯罪行为的，在开展家庭教育指导过程中，应当对未成年人进行跟踪帮教。

五、保障措施

18. 鼓励各地人民法院、妇联结合本地实际，单独或会同有关部门建立家庭教育指导工作站，设置专门场所，配备专门人员，开展家庭教育指导工作。

鼓励各地人民法院、妇联探索组建专业化家庭教育指导队伍，加强业务指导及专业培训，聘请熟悉家庭教育规律、热爱未成年人保护事业和善于做思想教育工作的人员参与家庭教育指导。

19. 人民法院在办理涉未成年人案件过程中，发现有关单位未尽到未成年人教育、管理、救助、看护等保护职责的，应当及时向有关单位发出司法建议。

20. 人民法院应当结合涉未成年人案件的特点和规律，有针对性地开展家庭教育宣传和法治宣传教育。

全国家庭教育宣传周期间，各地人民法院应当结合本地实际，组织开展家庭教育宣传和法治宣传教育活动。

21. 人民法院、妇联应当与有关部门、人民团体、社会组织加强协作配合，推动建立家庭教育指导工作联动机制，及时研究解决家庭教育指导领域困难问题，不断提升家庭教育指导工作实效。

22. 开展家庭教育指导的工作情况，纳入人民法院绩效考核范围。

23. 人民法院开展家庭教育指导工作，不收取任何费用，所需费用纳入本单位年度经费预算。

六、附则

24. 本意见自 2023 年 6 月 1 日起施行。

附件：××××人民法院决定书（家庭教育指导令）

附件

××××人民法院决定书
（家庭教育指导令）

（办理案件的案号）

……（接受责令人员信息）。

……（接受责令人员信息）。

本院在审理……（写明当事人及案由）一案中，发现×××作为未成年子女的监护人，未能依法正确履行家庭教育责任。

依照《中华人民共和国家庭教育促进法》第四十九条，决定如下：

责令××××于××××年××月××日×时到×××接受家庭教育指导（责令多次接受家庭教育指导、接受网络指导等的，可对表述作出调整）。

如不服本决定，可以在收到决定书之日起五日内向本院申请复议一次，复议期间，不停止家庭教育指导令的执行。

××××年××月××日

（院印）

相关负责人就《关于开展家庭教育指导工作的意见》答记者问

2023年5月30日上午,最高人民法院举行新闻发布会,与全国妇联联合发布《关于开展家庭教育指导工作的意见》(以下简称《意见》)。最高人民法院研究室主任段农根、全国妇联家庭和儿童工作部副部长何敏出席发布会并回答记者提问,发布会由最高人民法院新闻局副局长王斌主持。

问:请介绍一下本次发布的《意见》有哪些特色和亮点。

答:《意见》坚持以习近平新时代中国特色社会主义思想为指导,深入贯彻习近平法治思想,按照最有利于未成年人的原则,聚焦司法实践中亟待解决的问题,就规范人民法院开展家庭教育指导工作作出规定。在起草过程中,着重把握了以下几点:

一是贯彻立法精神,依法开展家庭教育指导工作。《家庭教育促进法》的立法目的,是重视家庭教育、家庭家教家风建设这一中华民族优秀文化传统,以法律的庄严形式唤醒家长重视家庭教育意识。同时,明确政府和社会应当从哪些方面为家长提供支持和帮助。人民法院对家长开展家庭教育指导,主要是引导而非强制、是支持而非管理,把握好这个定位,就不会导致公权力过度干预家庭教育。为此,《意见》明确规定家庭教育指导坚持以支持为主、干预为辅的原则,要求各级人民法院注重引导、帮助、耐心细致、循循善诱开展家庭教育指导工作,尽力减少对家庭教育的过度介入和干预。

二是坚持问题导向，有效解决司法实践中的难题。从调研情况看，家庭教育指导对象具有双重性，直接对象是家长，间接对象和最终保护对象是未成年人。有的未成年人正值青春期，情感、价值观以及认识分析问题的能力发展不成熟，思考问题片面偏激，容易产生抵触家长的情绪。此时，如果对双方都进行指导，引导和促进未成年人转变思维、换位思考、理解并尊重家长，将会达到事半功倍的效果。因此，《意见》明确了双向指导原则。各级人民法院在开展家庭教育指导过程中，可以根据情况和需要，吸纳未成年人参与，实行对家长和未成年人的双向辅导，提升家庭教育指导的实效。

三是强调特殊保护，注重保护特定未成年人权益。《意见》坚持最有利于未成年人原则，坚持立德树人标准，传播正确家庭教育理念，培育和践行社会主义核心价值观，促进未成年人全面发展、健康成长。对涉留守未成年人、困境未成年人等特殊群体的案件高度关注，人民法院可以主动开展调查评估，必要时依法提供家庭教育指导。对未成年人遭受性侵害、虐待、拐卖、暴力伤害的，人民法院、妇联在开展家庭教育指导过程中应当与有关部门、人民团体、社会组织互相配合，视情采取心理干预、法律援助、司法救助、社会救助、转学安置等保护措施。对于未成年人存在严重不良行为或者实施犯罪行为的，在开展家庭教育指导过程中，应当对未成年人进行跟踪帮教。

四是坚持能动司法，特别关注未成年子女的探望问题。当前，抢夺、藏匿未成年子女已成为离婚案件中的高发事件，这一现象既是司法问题，更是社会问题。人民法院积极能动司法，在《意见》制定过程中，加强调研，认真研究，规定未成年人的父母分居或者离异的，明确告知其在诉讼期间、分居期间或者离婚后，应当相互配合共同履行家庭教育责任，任何一方不得拒绝或者怠于履行家庭教育责任，不得以抢夺、藏匿未成年子女等方式争夺抚养权或者阻碍另一方行使监护权、探望权。对违反规定的，人民法院将对其开展监护职责教育和家庭教育指导。

问：妇联组织如何发挥优势，与人民法院相互配合，共同做好家庭教育指导工作？

答：《意见》明确了人民法院和妇联开展家庭教育指导的职责任务，强调各级人民法院、妇联应当加强协作配合，建立联动机制，共同做好家庭教育指导工作。妇联组织开展家庭教育指导工作有着良好基础和独特优势，全国妇联联合教育部等相关部门已制定实施了六轮家庭教育工作五年规划，推动形成了以家庭教育促进法为核心，以五年规划、指导大纲、家长教育行为规范等为主体的家庭教育工作制度体系。《家庭教育促进法》明确规定，妇联要统筹协调社会资源，协同推进覆盖城乡的家庭教育指导服务体系建设。下一步，妇联将重点从以下几个方面与人民法院相互配合，共同做好家庭教育指导工作。

一是建好用好阵地队伍。目前全国各级妇联组织建有49万个城乡社区家长学校、4万多个网络新媒体平台，全国及31个省区市建立了家庭教育学会（研究会）和专家智库，紧密联系一批家庭教育专家和志愿者队伍，通过开设父母课堂、专家讲座、家长沙龙以及推选家教微课等，将科学家教知识送到家长身边。妇联将积极配合人民法院结合实际建立家庭教育指导工作站，扩大不同类型的家庭教育指导服务站点建设，凝聚一支经验丰富、功底扎实、人员稳定的工作队伍，努力打造家长可感可及的家庭教育指导服务网络，为有需求的家庭提供精准管用的家庭教育指导。

二是创设良好家庭环境。妇联组织结合常态化开展寻找"最美家庭"活动、五好家庭评选等家庭文明建设活动，选树了一批尊老爱幼、家庭和睦、科学教子的家庭典型，通过讲好家庭典型故事，示范带动更多家庭跟着学、照着做。妇联将与人民法院进一步加大合作力度，通过以案说法、案例教学等形式开展普法宣传和家风家教活动，引导父母和其他监护人注重言传身教、弘扬家庭美德、树立良好家风，用科学的理念方法教育影响孩子，为未成年人健康成长营造文明和谐的家庭环境。

三是关心支持特殊群体。发挥妇联执委、巾帼志愿者等作用，对城市流动人口集中地、城乡接合部、农村留守儿童集中地等重点地区,结合寒暑假期儿童关爱服务,广泛开展预防性家庭教育指导工作,加强法治宣传和家庭教育知识普及,提高父母及其他监护人的监护意识、监护能力和法治观念,预防未成年人违法犯罪和遭受侵害问题发生。

四是强化部门协同联动。通过《意见》实施,将进一步强化部门联动机制,推动各部门进一步加强资源互通、力量互助、工作互促,健全家校社协同育人机制,构建覆盖城乡的家庭教育指导服务体系。

问:下一步,将采取哪些措施确保《意见》得到准确贯彻执行?

答:《意见》对于规范人民法院、妇联开展家庭教育指导工作,促进未成年人的父母或者其他监护人依法履行家庭教育责任,维护未成年人合法权益,必将发挥重要作用。下一步,我们将重点做好以下工作。

一是加强学习培训,依法开展指导。通过举办专题讲座、联合培训等形式,将《意见》作为各级人民法院、妇联的重点培训内容,切实抓好学习。对于各地开展家庭教育指导的好模式好做法,及时发布典型案例、事例,及时转发经验材料,供各地学习参考。通过开展家庭教育指导,让广大家长牢固树立家庭教育主体责任意识,自觉学习家庭教育理念、知识和方法,提高家庭教育的能力和水平,从每一位父母做起,真正把中华民族传统美德以及立德树人根本任务落到实处。

二是健全工作机制,强化工作衔接。指导各地人民法院、妇联结合本地区实际,制定本地实施细则,建立长效工作机制,扎实推进涉案未成年人家庭教育指导工作。指导各级人民法院、妇联探索、完善符合当地工作实际的衔接办法和流程,加强沟通交流,强化执行监督和反馈,确保人民法院、妇联联合开展家庭教育指导工作机制得到不折不扣执行。注重将《意见》的贯彻执行与家庭教育促进法、未成年人保护法、预防未成年人犯罪法等法律有机衔接、密切配合,进一步健全学校、家庭、社会协同育人机制,为未成年人健康成长提供更为完备的法治保障。

三是强化诉源治理,推动社会共治。在开展家庭教育指导工作的同时,人民法院、妇联将加强协作配合,进一步推动建立与有关部门、人民团体和社会组织的联动机制,推动未成年人各项保护制度落实,进一步加强调查研究,及时研究解决家庭教育指导工作领域出现的困难问题,推动法律政策完善。在办理案件过程中,发现有关单位未尽到未成年人教育、管理、救助、看护等保护职责的,及时向有关单位发出司法建议。

人民法院将认真贯彻落实《意见》,强化责任担当,加强家庭教育指导,为保护未成年人合法权益提供强有力司法保障。

(来源:最高人民法院网站)

最高人民法院　最高人民检察院　公安部　司法部
关于印发《关于办理性侵害未成年人
刑事案件的意见》的通知

2023年5月24日　　　　　　　　　高检发〔2023〕4号

各省、自治区、直辖市高级人民法院、人民检察院、公安厅（局）、司法厅（局），解放军军事法院、解放军军事检察院，新疆维吾尔自治区高级人民法院生产建设兵团分院，新疆生产建设兵团人民检察院、公安局、司法局：

为深入学习贯彻党的二十大精神，全面贯彻习近平法治思想，依法惩治性侵害未成年人犯罪，进一步提升性侵害未成年人刑事案件办理质效，加强未成年人司法保护，根据《中华人民共和国刑法》《中华人民共和国刑事诉讼法》《中华人民共和国未成年人保护法》等法律规定，最高人民法院、最高人民检察院、公安部、司法部制定了《关于办理性侵害未成年人刑事案件的意见》，现予以印发，请认真贯彻执行。

最高人民法院　最高人民检察院　公安部　司法部
关于办理性侵害未成年人刑事案件的意见

为深入贯彻习近平法治思想，依法惩治性侵害未成年人犯罪，规范办理性侵害未成年人刑事案件，加强未成年人司法保护，根据《中华人民共和国刑法》《中华人民共和国刑事诉讼法》《中华人民共和国未成年人保护法》等相关法律规定，结合司法实际，制定本意见。

一、总则

第一条 本意见所称性侵害未成年人犯罪，包括《中华人民共和国刑法》第二百三十六条、第二百三十六条之一、第二百三十七条、第三百五十八条、第三百五十九条规定的针对未成年人实施的强奸罪，负有照护职责人员性侵罪，强制猥亵、侮辱罪，猥亵儿童罪，组织卖淫罪，强迫卖淫罪，协助组织卖淫罪，引诱、容留、介绍卖淫罪，引诱幼女卖淫罪等。

第二条 办理性侵害未成年人刑事案件，应当坚持以下原则：

（一）依法从严惩处性侵害未成年人犯罪；

（二）坚持最有利于未成年人原则，充分考虑未成年人身心发育尚未成熟、易受伤害等特点，切实保障未成年人的合法权益；

（三）坚持双向保护原则，对于未成年人实施性侵害未成年人犯罪的，在依法保护未成年被害人的合法权益时，也要依法保护未成年犯罪嫌疑人、未成年被告人的合法权益。

第三条 人民法院、人民检察院、公安机关应当确定专门机构或者指定熟悉未成年人身心特点的专门人员，负责办理性侵害未成年人刑事案件。未成年被害人系女性的，应当有女性工作人员参与。

法律援助机构应当指派熟悉未成年人身心特点的律师为未成年人提供法律援助。

第四条 人民法院、人民检察院在办理性侵害未成年人刑事案件中发现社会治理漏洞的，依法提出司法建议、检察建议。

人民检察院依法对涉及性侵害未成年人的诉讼活动等进行监督，发现违法情形的，应当及时提出监督意见。发现未成年人合法权益受到侵犯，涉及公共利益的，应当依法提起公益诉讼。

二、案件办理

第五条 公安机关接到未成年人被性侵害的报案、控告、举报，应当及时受理，迅速审查。符合刑事立案条件的，应当立即立案侦查，重大、疑难、复杂案件立案审查期限原则上不超过七日。具有下列情形之一，公安机关应当在受理后直接立案侦查：

（一）精神发育明显迟滞的未成年人或者不满十四周岁的未成年人怀孕、妊娠终止或者分娩的；

（二）未成年人的生殖器官或者隐私部位遭受明显非正常损伤的；

（三）未成年人被组织、强迫、引诱、容留、介绍卖淫的；

（四）其他有证据证明性侵害未成年人犯罪发生的。

第六条 公安机关发现可能有未成年人被性侵害或者接报相关线索的，无论案件是否属于本单位管辖，都应当及时采取制止侵害行为、保护被害人、保护现场等紧急措施。必要时，应当通报有关部门对被害人予以临时安置、救助。

第七条 公安机关受理案件后，经过审查，认为有犯罪事实需要追究刑事责任，但因犯罪地、犯罪嫌疑人无法确定，管辖权不明的，受理案件的公安机关应当先立案侦查，经过侦查明确管辖后，及时将案件及证据材料移送有管辖权的公安机关。

第八条 人民检察院、公安机关办理性侵害未成年人刑事案件，应当坚持分工负责、互相配合、互相制约，加强侦查监督与协作配合，健全完善信息双向共享机制，形成合力。在侦查过程中，公安机关可以商请人民检察院就案件定性、证据收集、法律适用、未成年人保护要求等提出意见建议。

第九条 人民检察院认为公安机关应当立案侦查而不立案侦查的，或者被害人及其法定代理人、对未成年人负有特殊职责的人员据此向人民检察院提出异议，经审查其诉求合理的，人民检察院应当要求公安机关说明不立案的理由。人民检察院认为不立案理由不成立的，应当通知公安机关立案，公安机关接到通知后应当立案。

第十条 对性侵害未成年人的成年犯罪嫌疑人、被告人，应当依法从严把握适用非羁押强制措施，依法追诉，从严惩处。

第十一条 公安机关办理性侵害未成年人刑事案件，在提请批准逮捕、移送起诉时，案卷材料中应当包含证明案件来源与案发过程的有关材料和犯罪嫌疑人归案（抓获）情况的说明等。

第十二条 人民法院、人民检察院办理性侵害未成年人案件，应当及时告知未成年被害人及其法定代理人或者近亲属有权委托诉讼代理人，并告知其有权依法申请法律援助。

第十三条 人民法院、人民检察院、公安机关办理性侵害未成年人刑事案件，除有碍案件办理的情形外，应当将案件进展情况、案件处理结果及时告知未成年被害人及其法定代理人，并对有关情况予以说明。

第十四条 人民法院确定性侵害未成年人刑事案件开庭日期后，应当将开庭的时间、地点通知未成年被害人及其法定代理人。

第十五条 人民法院开庭审理性侵害未成年人刑事案件，未成年被害人、证人一般不出庭作证。确有必要出庭的，应当根据案件情况采取不暴露外貌、真实声音等保护措施，或者采取视频等方式播放询问未成年人的录音录像，播放视频亦应当采取技术处理等保护措施。

被告人及其辩护人当庭发问的方式或者内容不当，可能对未成年被害人、证人造成身心伤害的，审判长应当及时制止。未成年被害人、证人在庭审中出现恐慌、紧张、激动、抗拒等影响庭审正常进行的情形的，审判长应当宣布休庭，并采取相应的情绪安抚疏导措施，评估未成年被害人、证人继续出庭作证的必要性。

第十六条 办理性侵害未成年人刑事案件，对于涉及未成年人的身份信息及可能推断出身份信息的资料和涉及性侵害的细节等内容，审判人员、检察人员、侦查人员、律师及参与诉讼、知晓案情的相关人员应当保密。

对外公开的诉讼文书，不得披露未成年人身份信息及可能推断出身份信息的其他资料,对性侵害的事实必须以适当方式叙述。

办案人员到未成年人及其亲属所在学校、单位、住所调查取证的,应当避免驾驶警车、穿着制服或者采取其他可能暴露未成年人身份、影响未成年人名誉、隐私的方式。

第十七条 知道或者应当知道对方是不满十四周岁的幼女,而实施奸淫等性侵害行为的,应当认定行为人"明知"对方是幼女。

对不满十二周岁的被害人实施奸淫等性侵害行为的,应当认定行为人"明知"对方是幼女。

对已满十二周岁不满十四周岁的被害人,从其身体发育状况、言谈举止、衣着特征、生活作息规律等观察可能是幼女,而实施奸淫等性侵害行为的,应当认定行为人"明知"对方是幼女。

第十八条 在校园、游泳馆、儿童游乐场、学生集体宿舍等公共场所对未成年人实施强奸、猥亵犯罪,只要有其他多人在场,不论在场人员是否实际看到,均可以依照刑法第二百三十六条第三款、第二百三十七条的规定,认定为在公共场所"当众"强奸、猥亵。

第十九条 外国人在中华人民共和国领域内实施强奸、猥亵未成年人等犯罪的,在依法判处刑罚时,可以附加适用驱逐出境。对于尚不构成犯罪但构成违反治安管理行为的,或者有性侵害未成年人犯罪记录不适宜在境内继续停留居留的,公安机关可以依法适用限期出境或者驱逐出境。

第二十条 对性侵害未成年人的成年犯罪分子严格把握减刑、假释、暂予监外执行的适用条件。纳入社区矫正的,应当严管严控。

三、证据收集与审查判断

第二十一条 公安机关办理性侵害未成年人刑事案件,应当依照法定程序,及时、全面收集固定证据。对与犯罪有关的场所、物品、人身等及时进行勘验、检查,提取与案件有关的痕迹、物证、生物样本;及时调取与案件有关的住宿、通行、银行交易记录等书证,现场监控录像等视听资料、手机短信、即时通讯记录、社交软件记录、手机支付记录、音视频、网盘资料等电子数据。视听资料、电子数据等证据因保管不善灭失的，应当向原始数据存储单位重新调取，或者提交专业机构进行技术性恢复、修复。

第二十二条　未成年被害人陈述、未成年证人证言中提到其他犯罪线索，属于公安机关管辖的，公安机关应当及时调查核实；属于其他机关管辖的，应当移送有管辖权的机关。

具有密切接触未成年人便利条件的人员涉嫌性侵害未成年人犯罪的，公安机关应当注意摸排犯罪嫌疑人可能接触到的其他未成年人，以便全面查清犯罪事实。

对于发生在犯罪嫌疑人住所周边或者相同、类似场所且犯罪手法雷同的性侵害案件，符合并案条件的，应当及时并案侦查，防止遗漏犯罪事实。

第二十三条　询问未成年被害人，应当选择"一站式"取证场所、未成年人住所或者其他让未成年人心理上感到安全的场所进行，并通知法定代理人到场。法定代理人不能到场或者不宜到场的，应当通知其他合适成年人到场，并将相关情况记录在案。

询问未成年被害人，应当采取和缓的方式，以未成年人能够理解和接受的语言进行。坚持一次询问原则，尽可能避免多次反复询问，造成次生伤害。确有必要再次询问的，应当针对确有疑问需要核实的内容进行。

询问女性未成年被害人应当由女性工作人员进行。

第二十四条　询问未成年被害人应当进行同步录音录像。录音录像应当全程不间断进行，不得选择性录制，不得剪接、删改。录音录像声音、图像应当清晰稳定，被询问人面部应当清楚可辨，能够真实反映未成年被害人回答询问的状态。录音录像应当随案移送。

第二十五条　询问未成年被害人应当问明与性侵害犯罪有关的事实及情节，包括被害人的年龄等身份信息、与犯罪嫌疑人、被告人交往情况、侵害方式、时间、地点、次数、后果等。

询问尽量让被害人自由陈述，不得诱导，并将提问和未成年被害人的回答记录清楚。记录应当保持未成年人的语言特点，不得随意加工或者归纳。

第二十六条 未成年被害人陈述和犯罪嫌疑人、被告人供述中具有特殊性、非亲历不可知的细节，包括身体特征、行为特征和环境特征等，办案机关应当及时通过人身检查、现场勘查等调查取证方法固定证据。

第二十七条 能够证实未成年被害人和犯罪嫌疑人、被告人相识交往、矛盾纠纷及其异常表现、特殊癖好等情况，对完善证据链条、查清全部案情具有证明作用的证据，应当全面收集。

第二十八条 能够证实未成年人被性侵害后心理状况或者行为表现的证据，应当全面收集。未成年被害人出现心理创伤、精神抑郁或者自杀、自残等伤害后果的，应当及时检查、鉴定。

第二十九条 认定性侵害未成年人犯罪，应当坚持事实清楚，证据确实、充分，排除合理怀疑的证明标准。对案件事实的认定要立足证据，结合经验常识，考虑性侵害案件的特殊性和未成年人的身心特点，准确理解和把握证明标准。

第三十条 对未成年被害人陈述，应当着重审查陈述形成的时间、背景，被害人年龄、认知、记忆和表达能力，生理和精神状态是否影响陈述的自愿性、完整性，陈述与其他证据之间能否相互印证，有无矛盾。

低龄未成年人对被侵害细节前后陈述存在不一致的，应当考虑其身心特点，综合判断其陈述的主要事实是否客观、真实。

未成年被害人陈述了与犯罪嫌疑人、被告人或者性侵害事实相关的非亲历不可知的细节，并且可以排除指证、诱证、诬告、陷害可能的，一般应当采信。

未成年被害人询问笔录记载的内容与询问同步录音录像记载的内容不一致的，应当结合同步录音录像记载准确客观认定。

对未成年证人证言的审查判断，依照本条前四款规定进行。

第三十一条 对十四周岁以上未成年被害人真实意志的判断，不以其明确表示反对或者同意为唯一证据，应当结合未成年被害人的年龄、身体状况、被侵害前后表现以及双方关系、案发环境、案发过程等进行综合判断。

四、未成年被害人保护与救助

第三十二条 人民法院、人民检察院、公安机关办理性侵害未成年人刑事案件，应当根据未成年被害人的实际需要及当地情况，协调有关部门为未成年被害人提供心理疏导、临时照料、医疗救治、转学安置、经济帮扶等救助保护措施。

第三十三条 犯罪嫌疑人到案后，办案人员应当第一时间了解其有无艾滋病，发现犯罪嫌疑人患有艾滋病的，在征得未成年被害人监护人同意后，应当及时配合或者会同有关部门对未成年被害人采取阻断治疗等保护措施。

第三十四条 人民法院、人民检察院、公安机关办理性侵害未成年人刑事案件，发现未成年人的父母或者其他监护人不依法履行监护职责或者侵犯未成年人合法权益的，应当予以训诫，并书面督促其依法履行监护职责。必要时，可以责令未成年人父母或者其他监护人接受家庭教育指导。

第三十五条 未成年人受到监护人性侵害，其他具有监护资格的人员、民政部门等有关单位和组织向人民法院提出申请，要求撤销监护人资格，另行指定监护人的，人民法院依法予以支持。

有关个人和组织未及时向人民法院申请撤销监护人资格的，人民检察院可以依法督促、支持其提起诉讼。

第三十六条 对未成年人因被性侵害而造成人身损害，不能及时获得有效赔偿，生活困难的，人民法院、人民检察院、公安机关可会同有关部门，优先考虑予以救助。

五、其他

第三十七条 人民法院、人民检察院、公安机关、司法行政机关应当积极推动侵害未成年人案件强制报告制度落实。未履行报告义务造成严重后果的，应当依照《中华人民共和国未成年人保护法》等法律法规追究责任。

第三十八条 人民法院、人民检察院、公安机关、司法行政机关应当推动密切接触未成年人相关行业依法建立完善准入查询性侵害违法犯罪信息制度，建立性侵害违法犯罪人员信息库，协助密切接触未成年人单位开展信息查询工作。

第三十九条 办案机关应当建立完善性侵害未成年人案件"一站式"办案救助机制，通过设立专门场所、配置专用设备、完善工作流程和引入专业社会力量等方式，尽可能一次性完成询问、人身检查、生物样本采集、侦查辨认等取证工作，同步开展救助保护工作。

六、附则

第四十条 本意见自2023年6月1日起施行。本意见施行后，《最高人民法院 最高人民检察院 公安部 司法部关于依法惩治性侵害未成年人犯罪的意见》（法发〔2013〕12号）同时废止。

教育部 最高人民检察院等16部门关于印发《全面加强和改进新时代学生心理健康工作专项行动计划（2023—2025年）》的通知

2023年4月20日　　　　　　　　教体艺〔2023〕1号

各省、自治区、直辖市教育厅（教委）、检察院、党委宣传部、网信办、科技厅（局）、公安厅（局）、民政厅（局）、财政厅（局）、卫生健康委、广电局、体育局、妇儿工委办公室、团委、妇联、关工委、科协，新疆生产建设兵团教育局、检察院、党委宣传部、网信办、科技局、公安局、民政局、财政局、卫生健康委、文体广电和旅游局、妇儿工委办公室、团委、妇联、关工委、科协，中国科学院各相关研究院所：

《全面加强和改进新时代学生心理健康工作专项行动计划（2023—2025年）》已经中央教育工作领导小组会议审议通过。现印发给你们，请结合实际认真贯彻执行。

全面加强和改进新时代学生心理健康工作专项行动计划（2023—2025年）

促进学生身心健康、全面发展，是党中央关心、人民群众关切、社会关注的重大课题。随着经济社会快速发展，学生成长环境不断变化，叠加新冠疫情影响，学生心理健康问题更加凸显。为认真贯彻党的二十大精神，贯彻落实《中国教育现代化2035》《国务院关于实施健康中国行动的意见》，全面加强和改进新时代学生心理健康工作，提升学生心理健康素养，制定本行动计划。

一、总体要求

（一）指导思想

以习近平新时代中国特色社会主义思想为指导，全面贯彻党的教育方针，坚持为党育人、为国育才，落实立德树人根本任务，坚持健康第一的教育理念，切实把心理健康工作摆在更加突出位置，统筹政策与制度、学科与人才、技术与环境，贯通大中小学各学段，贯穿学校、家庭、社会各方面，培育学生热爱生活、珍视生命、自尊自信、理性平和、乐观向上的心理品质和不懈奋斗、荣辱不惊、百折不挠的意志品质，促进学生思想道德素质、科学文化素质和身心健康素质协调发展，培养担当民族复兴大任的时代新人。

（二）基本原则

——坚持全面发展。完善全面培养的教育体系，推进教育评价改革，坚持学习知识与提高全面素质相统一，培养德智体美劳全面发展的社会主义建设者和接班人。

——坚持健康第一。把健康作为学生全面发展的前提和基础，遵循学生成长成才规律，把解决学生心理问题与解决学生成才发展的实际问题相结合，把心理健康工作质量作为衡量教育发展水平、办学治校能力和人才培养质量的重要指标，促进学生身心健康。

——坚持提升能力。统筹教师、教材、课程、学科、专业等建设，加强学生心理健康工作体系建设，全方位强化学生心理健康教育，健全心理问题预防和监测机制，主动干预，增强学生心理健康工作科学性、针对性和有效性。

——坚持系统治理。健全多部门联动和学校、家庭、社会协同育人机制，聚焦影响学生心理健康的核心要素、关键领域和重点环节，补短板、强弱项，系统强化学生心理健康工作。

（三）工作目标

健康教育、监测预警、咨询服务、干预处置"四位一体"的学生心理健康工作体系更加健全，学校、家庭、社会和相关部门协同联动的学生心理健康工作格局更加完善。2025年，配备专（兼）职心理健康教育教师的学校比例达到95%，开展心理健康教育的家庭教育指导服务站点比例达到60%。

二、主要任务

（一）五育并举促进心理健康

1. 以德育心。将学生心理健康教育贯穿德育思政工作全过程，融入教育教学、管理服务和学生成长各环节，纳入"三全育人"大格局，坚定理想信念，厚植爱国情怀，引导学生扣好人生第一粒扣子，树立正确的世界观、人生观、价值观。

2. 以智慧心。优化教育教学内容和方式，有效减轻义务教育阶段学生作业负担和校外培训负担。教师要注重学习掌握心理学知识，在学科教学中注重维护学生心理健康，既教书，又育人。

3. 以体强心。发挥体育调节情绪、疏解压力作用，实施学校体育固本行动，开齐开足上好体育与健康课，支持学校全覆盖、高质量开展体育课后服务，着力保障学生每天校内、校外各1个小时体育活动时间，熟练掌握1—2项运动技能，在体育锻炼中享受乐趣、增强体质、健全人格、锤炼意志。

4. 以美润心。发挥美育丰富精神、温润心灵作用，实施学校美育浸润行动，广泛开展普及性强、形式多样、内容丰富、积极向上的美育实践活动，教会学生认识美、欣赏美、创造美。

5. 以劳健心。丰富、拓展劳动教育实施途径，让学生动手实践、出力流汗，磨炼意志品质，养成劳动习惯，珍惜劳动成果和幸福生活。

（二）加强心理健康教育

6. 开设心理健康相关课程。中小学校要结合相关课程开展心理健康教育。中等职业学校按规定开足思想政治课"心理健康与职业生涯"模块学时。高等职业学校按规定将心理健康教育等课程列为公共基础必修或限定选修课。普通高校要开设心理健康必修课，原则上应设置2个学分（32—36学时），有条件的高校可开设更多样、更有针对性的心理健康选修课。举办高等学历继续教育的高校要按规定开设适合成人特点的心理健康课程。托幼机构应遵循儿童生理、心理特点，创设活动场景，培养积极心理品质。

7. 发挥课堂教学作用。结合大中小学生发展需要，分层分类开展心理健康教学，关注学生个体差异，帮助学生掌握心理健康知识和技能，树立自助、求助意识，学会理性面对困难和挫折，增强心理健康素质。

8. 全方位开展心理健康教育。组织编写大中小学生心理健康读本，扎实推进心理健康教育普及。向家长、校长、班主任和辅导员等群体提供学生常见心理问题操作指南等心理健康"服务包"。依托"师生健康 中国健康"主题教育、"全国大中学生心理健康日"、职业院校"文明风采"活动、中考和高考等重要活动和时间节点，多渠道、多形式开展心理健康教育。发挥共青团、少先队、学生会（研究生会）、学生社团、学校聘请的社会工作者等作用，增强同伴支持，融洽师生同学关系。

（三）规范心理健康监测

9. 加强心理健康监测。组织研制符合中国儿童青少年特点的心理健康测评工具，规范量表选用、监测实施和结果运用。依托有关单位组建面向大中小学的国家级学生心理健康教育研究与监测专业机构，构建完整的学生心理健康状况监测体系，加强数据分析、案例研究，强化风险预判和条件保障。国家义务教育质量监测每年监测学生心理健康状况。地方教育部门和学校要积极开展学生心理健康监测工作。

10. 开展心理健康测评。坚持预防为主、关口前移，定期开展学生心理健康测评。县级教育部门要组织区域内中小学开展心理健康测评，用好开学重要时段，每学年面向小学高年级、初中、高中、中等职业学校等学生至少开展一次心理健康测评，指导学校科学规范运用测评结果，建立"一生一策"心理健康档案。高校每年应在新生入校后适时开展心理健康测评，鼓励有条件的高校合理增加测评频次和范围，科学分析、合理应用测评结果，分类制定心理健康教育方案。建立健全测评数据安全保护机制，防止信息泄露。

（四）完善心理预警干预

11. 健全预警体系。县级教育部门要依托有关单位建设区域性中小学生心理辅导中心，规范心理咨询辅导服务，定期面向区域内中小学提供业务指导、技能培训。中小学校要加强心理辅导室建设，开展预警和干预工作。鼓励高中、高校班级探索设置心理委员。高校要强化心理咨询服务平台建设，完善"学校—院系—班级—宿舍/个人"四级预警网络，辅导员、班主任定期走访学生宿舍，院系定期研判学生心理状况。重点关注面临学业就业压力、经济困难、情感危机、家庭变故、校园欺凌等风险因素以及校外实习、社会实践等学习生活环境变化的学生。发挥心理援助热线作用,面向因自然灾害、事故灾难、公共卫生事件、社会安全事件等重大突发事件受影响学生人群,强化应急心理援助,有效安抚、疏导和干预。

12. 优化协作机制。教育、卫生健康、网信、公安等部门指导学校与家庭、精神卫生医疗机构、妇幼保健机构等建立健全协同机制,共同开展学生心理健康宣传教育,加强物防、技防建设,及早发现学生严重心理健康问题,网上网下监测预警学生自伤或伤人等危险行为,畅通预防转介干预就医通道,及时转介、诊断、治疗。教育部门会同卫生健康等部门健全精神或心理健康问题学生复学机制。

(五) 建强心理人才队伍

13. 提升人才培养质量。完善《心理学类教学质量国家标准》。加强心理学、应用心理学、社会工作等相关学科专业和心理学类拔尖学生培养基地建设。支持高校辅导员攻读心理学、社会工作等相关学科专业硕士学位,适当增加高校思想政治工作骨干在职攻读博士学位专项计划心理学相关专业名额。

14. 配齐心理健康教师。高校按师生比例不低于1∶4000配备专职心理健康教育教师,且每校至少配备2名。中小学每校至少配备1名专(兼)职心理健康教育教师,鼓励配备具有心理学专业背景的专职心理健康教育教师。建立心理健康教育教师教研制度,县级教研机构配备心理教研员。

15. 畅通教师发展渠道。组织研制心理健康教育教师专业标准,形成与心理健康教育教师资格制度、教师职称制度相互衔接的教师专业发展制度体系。心理健康教育教师职称评审可纳入思政、德育教师系列或单独评审。面向中小学校班主任和少先队辅导员、高校辅导员、研究生导师等开展个体心理发展、健康教育基本知识和技能全覆盖培训,定期对心理健康教育教师开展职业技能培训。多措并举加强教师心理健康工作,支持社会力量、专业医疗机构参与教师心理健康教育能力提升行动,用好家校社协同心理关爱平台，推进教师心理健康教育学习资源开发和培训，提升教师发现并有效处置心理健康问题的能力。

（六）支持心理健康科研

16. 开展科学研究。针对学生常见的心理问题和心理障碍，汇聚心理科学、脑科学、人工智能等学科资源，支持全国和地方相关重点实验室开展学生心理健康基础性、前沿性和国际性研究。鼓励有条件的高校、科研院所等设置学生心理健康实验室，开展学生心理健康研究。

17. 推动成果应用。鼓励支持将心理健康科研成果应用到学生心理健康教育、监测预警、咨询服务、干预处置等领域，提升学生心理健康工作水平。

（七）优化社会心理服务

18. 提升社会心理服务能力。卫生健康部门加强儿童医院、精神专科医院和妇幼保健机构儿童心理咨询及专科门诊建设，完善医疗卫生机构儿童青少年心理健康服务标准规范，加强综合监管。民政、卫生健康、共青团和少先队、妇联等部门协同搭建社区心理服务平台，支持专业社工、志愿者等开展儿童青少年心理健康服务。对已建有热线的精神卫生医疗机构及12345政务服务便民热线（含12320公共卫生热线）、共青团12355青少年服务热线等工作人员开展儿童青少年心理健康知识培训，提供专业化服务，向儿童青少年广泛宣传热线电话，鼓励有需要时拨打求助。

19. 加强家庭教育指导服务。妇联、教育、关工委等部门组织办好家长学校或网上家庭教育指导平台，推动社区家庭教育指导服务站点建设，引导家长关注孩子心理健康，树立科学养育观念，尊重孩子心理发展规律，理性确定孩子成长预期，积极开展亲子活动，保障孩子充足睡眠，防止沉迷网络或游戏。家长学校或家庭教育指导服务站点每年面向家长至少开展一次心理健康教育。

20. 加强未成年人保护。文明办指导推动地方加强未成年人心理健康成长辅导中心建设，拓展服务内容，增强服务能力。检察机关推动建立集取证、心理疏导、身体检查等功能于一体的未成年被害人"一站式"办案区，在涉未成年人案件办理中全面推行"督促监护令"，会同有关部门全面开展家庭教育指导工作。关工委组织发挥广大"五老"优势作用，推动"五老"工作室建设，关注未成年人心理健康教育。

（八）营造健康成长环境

21. 规范开展科普宣传。科协、教育、卫生健康等部门充分利用广播、电视、网络等媒体平台和渠道，广泛开展学生心理健康知识和预防心理问题科普。教育、卫生健康、宣传部门推广学生心理健康工作经验做法，稳妥把握心理健康和精神卫生信息发布、新闻报道和舆情处置。

22. 加强日常监督管理。网信、广播电视、公安等部门加大监管力度，及时发现、清理、查处与学生有关的非法有害信息及出版物，重点清查问题较多的网络游戏、直播、短视频等，广泛汇聚向真、向善、向美、向上的力量，以时代新风塑造和净化网络空间，共建网上美好精神家园。全面治理校园及周边、网络平台等面向未成年人无底线营销危害身心健康的食品、玩具等。

三、保障措施

（一）加强组织领导。将学生心理健康工作纳入对省级人民政府履行教育职责的评价，纳入学校改革发展整体规划，纳入人才培养体系和督导评估指标体系，作为各级各类学校办学水平评估和领导班子年度考核重要内容。成立全国学生心理健康工作咨询委员会。各地要探索建立省级统筹、市为中心、县为基地、学校布点的学生心理健康分级管理体系，健全部门协作、社会动员、全民参与的学生心理健康工作机制。

（二）落实经费投入。各地要加大统筹力度，优化支出结构，切实加强学生心理健康工作经费保障。学校应将所需经费纳入预算，满足学生心理健康工作需要。要健全多渠道投入机制，鼓励社会力量支持开展学生心理健康服务。

（三）培育推广经验。建设学生心理健康教育名师、名校长工作室，开展学生心理健康教育交流，遴选优秀案例。支持有条件的地区和学校创新学生心理健康工作模式，探索积累经验，发挥引领和带动作用。

【典型案例】

最高人民法院、中华全国妇女联合会发布保护未成年人权益司法救助典型案例

(2023年5月29日)

在"六一"国际儿童节来临之际,最高人民法院与中华全国妇女联合会共同向社会公布保护未成年人权益十大司法救助典型案例。

少年儿童的健康成长,事关千万家庭的幸福安宁,事关社会和谐稳定,事关祖国的未来和民族的希望。党的十八大以来,以习近平同志为核心的党中央,高度重视、关心关爱少年儿童健康成长,习近平总书记强调"全社会都要了解少年儿童、尊重少年儿童、关心少年儿童、服务少年儿童,为少年儿童提供良好社会环境"。① 党的二十大报告明确要求,要健全社会保障体系,保障妇女儿童合法权益。

人民法院和妇女联合会一直高度重视未成年人权益的保护,在司法救助工作中始终不断强化对少年儿童权益的全面保护。一方面,人民法院在救助未成年人时加快办案节奏、加大救助力度,通过给付救助资金,帮助他们尽快摆脱生活困境,做好"当下救";另一方面,积极与各地妇联密切协作,做好"长久助",帮助少年儿童解决学籍难题、协调减免学费、协助办理低保、联系专业机构进行心理疏导,并开展定期回访,尽力为他们营造积极、友爱的生活环境,帮助他们尽快走出阴霾,拥抱美

---

① 《习近平:让社会主义核心价值观种子在少年儿童心中生根发芽》,载《人民日报》2014年5月31日。

好的明天。

　　法律政策需要一个个具体案件落实，公平正义需要一个个具体案例彰显。最高人民法院始终高度重视和充分发挥典型案例的规则指引和宣传引导作用。为了让全社会关心关爱本人或者家庭因受到不法侵害而导致生活陷入急困的未成年人，指导各级人民法院进一步做好未成年人司法救助和延伸救助工作，我们从全国各级法院近年来办结的案件中，精心筛选出十个典型案例，向全社会公开发布。

　　本次发布的十个案例，是最高人民法院首次联合中华全国妇女联合会以专题形式集中发布。这些案例涵盖了刑事被害人救助、追索抚养费救助、道路交通事故损害赔偿救助等可予救助的主要案件类型，既有人民法院与妇联密切协作建立"资金救助+立体帮扶"的多元救助机制，又有人民法院勇于担当、以实践先行推动制度创新的典型案例，还有人民法院针对特殊未成年人给予精准救助的生动实践。这些案例，彰显了党和国家对未成年人健康成长的民生关怀，表达了人民法院和社会各界对未成年人所给予的特别关爱，体现了国家司法救助"救急救难"的功能属性与加强"生存权保障"的价值追求，同时也为同类案件的办理提供了示范样本。

　　各级人民法院将以此次案例发布为契机，加大对未成年人的救助帮扶力度，积极延伸司法救助职能，不断推进司法救助、社会救助、慈善救助等制度的衔接和完善；期望全社会更加关注和支持人民法院司法救助工作，进一步凝聚全社会关心、关爱、尊重和服务未成年人的共识和力量。

　　在全面建设社会主义现代化国家新征程上，人民法院将始终坚持以人民为中心的发展思想，进一步提升司法救助工作水平，努力让人民群众在每一个司法救助案件中感受到公平正义和司法温暖，为法治中国建设作出新的更大的贡献。

最高人民法院、中华全国妇女联合会
保护未成年人权益司法救助典型案例

目　录

案例一　小敏申请刑事被害人司法救助案

案例二　小安申请民事侵权纠纷司法救助案

案例三　小婷申请刑事被害人司法救助案

案例四　小丹申请刑事被害人司法救助案

案例五　小吉等6人申请刑事被害人司法救助案

案例六　小思、小乐申请民事侵权纠纷司法救助案

案例七　小良、小徐申请刑事被害人司法救助案

案例八　小依等5人申请民事侵权纠纷司法救助案

案例九　小伟等3人申请刑事被害人司法救助案

案例十　小浩申请刑事被害人司法救助案

案例一

小敏申请刑事被害人司法救助案

【基本案情】

小敏（化名）母亲被害，四川省德阳市中级人民法院作出刑事附带民事判决，认定被告人犯故意杀人罪，判处死刑，缓期二年执行，剥夺政治权利终身；同时判决被告人赔偿附带民事诉讼原告人经济损失4万余元。因被告人无赔偿能力，附带民事判决无法执行到位。

【救助过程】

小敏为未成年人，其母亲生前已与小敏父亲离婚。小敏的父亲在城市打零工维持生计，居无定所。母亲被害后，小敏因丧母之痛身心遭受巨大打击，不愿在老家小学继续就读，来到城市与父亲生活，家庭生活十分困难。四川省高级人民法院调查发现小敏符合司法救助情形后，及时启动救助程序，在决定向其发放司法救助金的同时，针对小敏辍学后虽恢复上学但只能在小学借读、无正式学籍，以及需要心理疏导等问题，立即与当地妇联及教育部门进行沟通，帮助协调解决了小敏的实际困难。之后，四川省高级人民法院还开展回访工作，为小敏送去书籍、牛奶等学习生活用品，鼓励其认真学习、快乐生活。

【典型意义】

本案是人民法院加大司法救助与社会救助衔接力度，保护未成年人受教育权，为其提供学习条件的典型案例。司法救助不是终点，而是帮扶被救助人的起点。本案中，人民法院在救助生活陷入急困的未成年人时，发现其身心因亲历刑事案件惨烈现场而遭受巨大创伤，宁愿失学也不愿再留在原籍地，而是坚持投奔在异地谋生的父亲等特殊情况后，为了尽可能保护未成年人权益，及时向妇女儿童权益保护组织和教育部门通报情况，协调解决被救助未成年人异地入学难题，并提供专业心理疏导等帮扶措施，帮助其逐渐恢复正常的学习生活状态，是未成年人司法保护的生动法治故事，具有很好的示范引领作用。

（四川省高级人民法院提供）

案例二

小安申请民事侵权纠纷司法救助案

【基本案情】

小安（化名）的父亲与母亲离婚，约定小安由父亲抚养，小安母亲每月支付抚养费1000元，至其18周岁止。父母离婚后，小安与父亲和爷爷奶奶一起生活，后父亲因患尿毒症丧失劳动能力，每月还需支付医药费、透析费等治疗费用，平时主要依靠爷爷奶奶微薄的退休金维持生活。小安的母亲在离婚后未支付过抚养费，小安诉至法院，要求其母亲支付抚养费。山西省太原市迎泽区人民法院作出民事判决，判决小安的母亲支付抚养费7万余元。后经调查核实，小安母亲离婚后无工作亦无其他收入来源，无履行能力。

【救助过程】

为妥善解决小安的实际困难，迎泽区人民法院庙前法庭依托迎泽区矛盾纠纷多元调解中心，协调各进驻单位妇联、检察院、社区等部门，统筹各方力量开展跨区域联合救助，共同实地走访小安的家庭、居住的社区、就读的学校，了解小安的学习生活情况，并协商制定联合救助方案。在迎泽区人民法院的协调下，该院与迎泽区人民检察院分别向小安发放司法救助金；迎泽区妇联联系小安居住地妇联将其纳入未成年人保护办公室的重点关注对象，随时关注小安的生活情况，并与山西省妇联一同向小安发放生活救助金；小安居住的社区给小安和父亲办理了低保，在日常生活上给予关心和帮助。

【典型意义】

本案是一起基层人民法院统筹各方力量跨区域联合救助未成年人的

典型案例。本案中,人民法院派出法庭作为基层社会治理单位,充分发挥司法能动作用,依托矛盾纠纷多元调解中心,在审理未成年人案件中,统筹协调检察院、妇联、社区、教育等各部门,形成帮扶救助未成年人的合力,发动社会各方力量共同解决未成年人的实际困难,呵护其健康成长。人民法院通过司法救助带动多部门共同发力,不仅缓解了小安的燃眉之急,更为其提供了常态化的有效帮助,这既是人民法院加强新时代未成年人司法工作的缩影,也是以实际行动贯彻落实党的二十大关于建设共建共治共享社会治理体系精神的司法举措,更是依靠党的领导,发动群众,就地化解矛盾纠纷的"枫桥经验"的具体实践。

(山西省高级人民法院提供)

案例三

小婷申请刑事被害人司法救助案

【基本案情】

小婷(化名)患有中度精神发育迟滞,缺乏性自我防卫能力。李某(化名)与小婷发生性关系。广东省某区人民法院以强奸罪判处李某有期徒刑六年。

【救助过程】

广东省某区人民法院在刑事案件审理过程中了解到,小婷和母亲均为二级智力残疾人,其家庭为低保户,靠养父打散工维持生计,因家庭困难和智力问题,小婷16岁仍是文盲。该院认为小婷符合予以司法救助的条件,在决定向小婷发放司法救助金的同时,法院还将她的相关情况通报给区妇联,会同区妇联主要领导两次前往小婷家中实地了解情况,并向小婷所在市教育局发出商请函，商请市教育局联络辖区内特殊教育学校，解决小婷的教育问题。最终小婷进入某市特殊教育学校免费就读。在小婷入学当日，人民法院派员协助小婷办理入学事宜。

【典型意义】

本案是人民法院联合妇联、教育部门多维联合救助智力残疾未成年人，通过为其提供教育及心理疏导，帮助其走出被伤害的阴影，使其具备独立生存能力的典型案例。近年来，性侵智力残疾未成年人案件时有发生，这些被害人不但面临身体和心灵的创伤，日后独立生活更成问题。单纯的经济救助明显不足以解决被害人及其家庭的实际困难。本案中，人民法院在给予司法救助金解决小婷家庭急迫困难的同时，主动延伸司法职能，拓展救助思路，针对小婷智力残疾可能难以独立生存的问题，通过协调有关部门为其提供特殊教育的方式授人以渔，培养小婷形成健全人格，掌握独立生活技能，使其具备一定的生活能力，并派员协助小婷办理入学手续，打消其担心受到歧视的顾虑，实现了司法救助与社会救助的有机衔接，提升了司法救助的效果。

（广东省高级人民法院提供）

案例四

小丹申请刑事被害人司法救助案

【基本案情】

小丹（化名）奶奶被害，其本人和爷爷身受重伤。河南省安阳市中级人民法院作出刑事附带民事判决，认定被告人犯故意杀人罪，判处死刑，缓期二年执行，剥夺政治权利终身；同时判决被告人赔偿附带民事诉讼原告人经济损失 10 万余元。河南省高级人民法院二审发回重审后，安阳市中级人民法院因证据不足而改判被告人无罪。

【救助过程】

安阳市中级人民法院经调查发现，小丹的父母未办理结婚登记，其母亲于多年前离家出走失去联系，小丹一直随父亲生活，家庭经济来源仅为其父亲的种地收入。小丹受重伤后已经花费了大量医疗费，后续还要负担沉重的治疗费用，这对本就困难的家庭而言更是雪上加霜。安阳市中级人民法院及时启动司法救助程序，并报请河南省高级人民法院进行联动救助，两级法院决定分别向小丹发放司法救助金。小丹收到司法救助金后，表示一定会好好学习，将来回报社会。安阳市中级人民法院在对小丹进行定期回访中了解到其仍面临后续治疗及求学等困难后，又积极与当地妇联联系，共同对小丹开展心理疏导，协调民政部门将小丹家庭纳入低保及困难群众慰问范围，协助小丹申请学校资助项目，协调减免小丹的就医费用等。

【典型意义】

人身伤害类刑事案件不仅会给被害人及其亲属造成严重的身心损害，往往还会产生高额的医疗费用。有些案件一时又难以侦破，被害人无法从加害人处及时获得赔偿，被害人家庭很容易陷入急迫困境。所以，国家司法救助政策将此作为重点救助情形，既要救早救急，也要优先用足救助金。本案中，人民法院在审理刑事案件过程中，主动了解被害人家庭生活困难情况，迅速启动司法救助程序，并报请上级人民法院进行联动救助，加大了救助力度，帮助被救助人渡过难关。在司法救助后，人民法院并未止步于此，而是与妇联加强协作，共同开展综合帮扶和跟踪回访，帮助被救助未成年人恢复生活信心，充分体现了司法救助"救急救难"的功能属性和"加强生存权保障"的价值取向。小丹受到不法伤害是不幸的，但他因及时得到帮扶救助而感受到社会的关爱，并借此产生回报社会的感恩之心，又是幸运的，更是难能可贵的。本案例充分体现了司法救助和社会救助的价值与意义。

（河南省高级人民法院提供）

案例五

小吉等 6 人申请刑事被害人司法救助案

【基本案情】

小吉（化名，彝族）等 6 人的父亲被害，山东省威海市中级人民法院作出刑事附带民事判决，认定被告人犯故意伤害罪，判处有期徒刑十五年，剥夺政治权利三年；同时判决被告人赔偿附带民事诉讼原告人经济损失 4.1 万余元。

【救助过程】

山东省高级人民法院了解到，小吉等 6 人居住在大凉山腹地深处的四川省某县，小吉父亲遇害后家庭失去主要经济来源，小吉等 6 人都尚未成年，最大的只有 12 周岁，家庭生活十分困难，符合司法救助条件，该院遂决定对小吉等 6 人发放司法救助金。为确保司法救助金能够切实用以保障孩子们的学习生活，承办法官辗转 2000 多公里，将司法救助金送到大山深处的小吉家中，并与小吉等人的母亲签订了司法救助金使用监管协议，约定每年提取 2 万元救助金用于孩子们的生活和学习，同时还邀请村支书作为保证人监督救助金的使用情况。在办理手续的过程中，小吉一家几度落泪表示感谢，后来还向山东省高级人民法院邮寄了用汉语和彝文双语书写的"不忘初心，司法为民"的锦旗。

【典型意义】

未成年人是祖国的希望和未来,加强对未成年人的保护,为其提供良好的生活学习环境,对于保障未成年人健康成长、维护社会和谐具有重要意义。人民法院始终高度重视未成年人的权益保障问题。本案中,人民法院服务巩固脱贫攻坚成果,不远千里跨省将司法救助金及时送至大山深处的少数民族未成年被救助人手中,并与监护人签订司法救助金使用监管协议,确保司法救助金用于未成年人的学习生活,有效缓解了未成年被救助人面临的急迫生活困难,帮助他们暂渡难关,让他们感受到司法的温度和国家的温暖,进一步增强了中华民族共同体意识,取得了良好的社会效果。

(山东省高级人民法院提供)

案例六

小思、小乐申请民事侵权纠纷司法救助案

【基本案情】

小思、小乐(化名)父亲去世后,母亲再婚,二人由爷爷、奶奶抚养。随着年龄的增长,爷爷、奶奶除了务农之外,无其他劳动收入,抚养两名未成年人生活艰难。小思、小乐遂起诉至法院,请求判决二人的母亲履行抚养义务。江苏省射阳县人民法院作出民事判决,判令二人的母亲承担月生活费500元/人,教育费、医疗费凭票据承担。判决生效后,二人的母亲未主动履行义务。后经调查发现,二人的母亲患有疾病,没有劳动收入,无力承担抚养费。

【救助过程】

射阳县人民法院审查认定小思、小乐符合司法救助的条件后,迅速

启动司法救助程序，及时向两名未成年人发放了司法救助金。同时，法院还积极延伸司法救助功能，协调当地民政部门为两名未成年人办理了每月400元/人的最低生活保障、每月600元/人的困境儿童保障，并号召社会各界爱心力量伸出援助之手，该案的主审法官向两名未成年人捐助2000元，社会爱心人士捐助3000元，两名未成年人居住地乡政府、居委会工作人员多次通过捐款捐物、上门走访等方式提供帮扶，一些社会组织还送去了慰问品。司法救助后，射阳县人民法院始终牵挂着两名未成年人的教育和生活状况，定期对案件进行回访，邀请心理咨询师进行心理辅导，呵护两名未成年人健康成长。同时，针对两名未成年人的母亲与爷爷奶奶的心理隔阂，通过道德教育与法治教育并行的方式，让双方体会到各自生活的不易，最终握手言和。

【典型意义】

本案是人民法院主动作为，将司法救助与社会资源有效衔接，对农村地区生活困难的未成年人进行救助的典型案例。父母子女之间具有抚养赡养义务，一方通过诉讼获得抚养费，本来就是充满辛酸的不得已之举，若因被执行人没有履行能力而陷入生活困难，申请执行人必将遭受感情上和经济上的双重打击。对此类情形予以适当救助，不仅能缓解涉案未成年人的急迫生活困难，而且能预防某些人伦悲剧的发生，从而维护社会和谐稳定。本案中，人民法院在对未成年人进行司法救助的同时，积极协调当地民政部门为两名未成年人办理专项补助、号召社会力量进行帮扶，并定期开展回访工作，将法治温暖和社会大家庭的关怀送到两名未成年人心间，充分体现了司法救助救急解难、传递温暖、关心关爱困难人群的功能属性，实现了"当下救"和"长久助"的统一。

（江苏省高级人民法院提供）

案例七

小良、小徐申请刑事被害人司法救助案

【基本案情】

小良、小徐（化名）的父亲被害。辽宁省高级人民法院二审作出刑事附带民事判决，认定被告人犯故意杀人罪，判处无期徒刑，剥夺政治权利终身；同时判决被告人赔偿附带民事诉讼原告人经济损失4.6万余元。后执行到位赔偿款2万元。

【救助过程】

辽宁省高级人民法院在审理刑事上诉案件期间，发现小良、小徐家庭生活困难，遂启动司法救助程序。该院经调查发现小良、小徐均为在校学生，父母离婚后，二人随母亲生活，父亲每月支付抚养费，母亲靠打零工维持生活。二人的父亲去世后，家庭失去了稳定的经济来源，生活陷入困难，且刑事附带民事判决确定的赔偿数额仅为丧葬费、交通费，并未执行到位。辽宁省高级人民法院决定向小良、小徐发放司法救助金。同时，辽宁省高级人民法院还发现被害人的母亲年老体弱，丧子后生活亦十分困难，遂积极协调辽宁省人民检察院对被害人的母亲进行联合司法救助。

【典型意义】

刑事案件被害人受到犯罪侵害而死亡，依靠被害人收入为主要生活来源的未成年人无法通过诉讼获得充分赔偿，造成生活困难的，属于应予救助的情形。本案是此类情形的典型案例，同时也是人民法院主动甄别、救早救急、有效保障生存权利、真诚传递司法温暖的示范案例。本案中，人民法院的司法救助工作并未等到执行不能才启动，而是在刑事审判过程中，发现被害人近亲属存在生活困难后，即依职权启动司法救助程序，同时协调人民检察院横向联合共同救助被害人家人。人民法院在审查决定司法救助金额时，未局限于刑事附带民事判决赔偿金额，而是充分考虑被救助人的实际困难，结合案件具体情况确定合理的救助金额，将司法的人文关怀及时送到未成年人身边，让他们在司法案件中感受到国家和社会的温暖。

（辽宁省高级人民法院提供）

案例八

小依等5人申请民事侵权纠纷司法救助案

【基本案情】

逊某（化名）、杜某（化名）驾驶摩托车与原告小依（化名，维吾尔族）母亲驾驶的摩托车相撞，小依母亲当场死亡。新疆维吾尔自治区墨玉县人民法院判令逊某赔偿原告18万余元、杜某赔偿原告17万余元。判决生效后，仅杜某给付了1万余元。后经调查发现二被执行人无财产可供执行。

【救助过程】

墨玉县人民法院在执行过程中发现小依的家庭困难，经调查核实，小依等5人均为在校学生，随外祖母生活。小依的外祖母患有精神疾病，家庭系低保户，生活特别困难。因墨玉县人民法院无独立司法救助资金，故向和田地区中级人民法院申请对救助申请人进行救助。和田地区中级人民法院在对救助申请人予以司法救助的同时，报请新疆维吾尔自治区高级人民法院进行联动救助。新疆维吾尔自治区高级人民法院经审查认为符合联动救助条件,决定向小依等 5 人发放司法救助金。司法救助后,人民法院还对救助申请人进行了电话回访,为他们提供心理疏导和精神抚慰。

【典型意义】

本案系民族地区三级人民法院联动合力救助少数民族未成年人的典型案例。人民法院在规定的范围与标准内,为少数民族未成年救助申请人开辟绿色救助通道,加快办案节奏、加大救助力度、倾斜救助资金,充分体现了"把好事办好"的救助精神。本案中,三级法院通过联动救助,有效缓解了基层法院救助资金不足的困难,通过及时联动救助,在一定程度上解决了案涉少数民族未成年人的生活困难,体现了国家司法救助救急难、扶危困的重要功能,既彰显了党和政府对于民族地区未成年人的民生关怀,又有利于促进社会和谐。

(新疆维吾尔自治区高级人民法院提供)

案例九

小伟等 3 人申请刑事被害人司法救助案

【基本案情】

小伟(化名)等 3 人的父亲被害。重庆市第二中级人民法院作出刑事附带民事诉讼判决,判处被告人死刑,缓期二年执行,剥夺政治权利终身;同时判决被告人赔偿附带民事诉讼原告人经济损失 41 万余元。因被告人无赔偿能力,附带民事判决未得到执行。

【救助过程】

重庆市第二中级人民法院经过实地走访调查发现,小伟、小君、小青均为在校中、小学生，父亲去世后，3人的母亲打零工维持生活，家庭生活困难，符合司法救助条件，遂决定向3人发放司法救助金。为保障该笔司法救助金能够切实用于3人的学习生活，承办法官经小伟母亲书面同意，与被救助人所在地乡镇政府、学校、居委会以及法定监护人共同协商签订《国家司法救助金使用、监管、监督方案》，由人民法院、镇政府、学校等6家单位共同监管，在居委会设立专门账户，实际托管司法救助金，确保救助金用于3名未成年人的学习生活。每一学年，由学生所在班级的班主任提交预算表，经校领导签字同意、法定监护人签字确认后，交居委会存档核实，由居委会按照预算金额从监管账户支付给监护人。与此同时，重庆市第二中级人民法院充分利用"一街道一法官"的工作机制，通过定期查看司法救助金管理档案、电话询问、实地走访等方式履行监督职责；其他监管单位也保持常态化联系，实时了解小伟等3人的学习生活情况，并在给予社会救助或帮扶政策时予以适当倾斜。

【典型意义】

本案是人民法院坚持"倾力救助+全程呵护"司法救助理念，引入"第三方司法救助金监管主体"，延伸司法服务职能的典型案例。相比一次性发放大额救助金而言，采取分时、分批、定额的发放模式，更能确保司法救助金切实用于未成年人的学习生活。本案中，人民法院积极协调未成年人所在地政府、学校、居委会等单位，与法院共同制定《国家司法救助金使用、监督、监管方案》，明确司法救助金发放方式、程序、相关单位责任等内容，多方合力构建起规范、安全、方便、实用的司法救助金使用监管机制，精准使用司法救助金，确保每一分救助金都能用在解决未成年人学习生活困难的"刀刃"上，取得了良好的社会效果。

（重庆市高级人民法院提供）

案例十

小浩申请刑事被害人司法救助案

【基本案情】

小浩（化名）的父亲被害，其本人亦受到人身伤害。天津市第一中级人民法院作出刑事附带民事判决，判处被告人死刑，并判决其赔偿附带民事诉讼原告人经济损失 13 万余元。后经调查，被告人无财产可供执行。

【救助过程】

在刑事案件二审期间，天津市第一中级人民法院发现小浩以其父亲收入为主要生活来源，父亲去世后，家庭生活陷入困境，且无法从加害人处获得赔偿。考虑到小浩系未成年人、其心理因刑事案件受到重创的实际情况，天津市第一中级人民法院除决定直接向小浩发放生活救助金外，还为其申请了心理救助金，并与小浩居住地四川省广安市中级人民法院联系，采取跨省接力救助的方式，将心理救助金存放于广安市中级人民法院，由该院协助医疗机构对小浩进行心理治疗。

【典型意义】

本案是人民法院协调区域间司法资源，并联合医疗机构跨省对未成年被害人提供心理救助的典型案例。审理涉未成年人司法救助案件，需要充分考虑未成年人身心发育尚不成熟的特殊性，不仅关注犯罪行为对未成年人造成的生活困境，更要关注未成年人所受到的心理伤害。本案中，小浩既是刑事犯罪被害人的直系亲属又是犯罪行为的直接被害人，其身心健康受到了严重伤害。单纯救助申请人的经济困难难以有效帮助未成年被害人尽早走出心理阴影恢复正常生活。人民法院在办理这起司法救助案件时，创新工作思路，拟定了生活救助金与心理干预救助金并行的工作方案，并与被害人居住地人民法院共同确定了跨省救助计划，联合医疗机构对未成年人提供持续的心理危机干预、心理咨询、情绪疏导服务，有效维护了未成年人健康成长的长远权益，充分发挥了司法救助最大限度保护未成年人的职能作用。

（天津市高级人民法院提供）

检察机关加强未成年人网络保护综合履职典型案例

(2023 年 5 月 31 日由最高人民检察院发布)

目 录

案例一 孙某某帮助信息网络犯罪活动案
——惩治教育挽救网络诈骗"工具人"

案例二 高某某盗窃案
——依法综合履职做实预防未成年人沉迷网络治理

案例三 朱某某强奸、猥亵儿童、强制猥亵案
——严厉打击网络性侵未成年人犯罪，积极推动诉源治理

案例四 隋某某猥亵，强奸，敲诈勒索，制作、贩卖、传播淫秽物品牟利案
——疏堵结合，治罪治理并重

案例五 冯某隐私权保护案
——依法支持未成年人维权

案例六 肖某某、邓某某侵犯公民个人信息案
——多措并举保护未成年人个人信息安全

案例一

孙某某帮助信息网络犯罪活动案
——惩治教育挽救网络诈骗"工具人"

【关键词】

帮助信息网络犯罪活动罪　附条件不起诉　家庭教育指导　异地帮教

【基本案情】

2021年12月26日,孙某某在某聊天网站上看到一条出租银行卡可以赚钱的信息,遂联系同学詹某(已成年,另案处理),利用詹某身份证办理4张银行卡,并将银行卡出租给他人用于信息网络犯罪支付结算。经查,涉案银行卡单向资金流入金额为人民币108万元,其中9.8万元系涉诈骗资金。鉴于孙某某到案后如实供述自己的罪行,犯罪时系未成年人,有悔罪表现,具有认罪认罚等情节,可能被判处一年以下有期徒刑刑罚,检察机关依法对其作出附条件不起诉决定,十个月的考验期满后,依法对孙某某作出不起诉决定。

【检察机关履职情况】

(一)积极开展家庭教育指导,督促监护人切实履行监护职责。针对孙某某家庭监护缺位,导致其无节制使用手机网络,直至走上违法犯罪道路的问题,吉林省大安市人民检察院向孙某某父亲(孙某某父母离异,随父亲共同生活)发出"督促监护令",并联合公安局、团市委、市妇联、法律援助中心共同开展家庭教育指导。同时,检察机关聘请专业司法社工从限制手机使用时间、加强亲子交流、提供多样化活动和学习机会等几方面帮助制订家庭监护计划,并定期对计划执行情况进行回访,帮助孙某某养成合理、安全使用手机网络的生活习惯。

（二）跨省异地协作，有针对性开展考察帮教。检察机关根据孙某某及其家人申请，委托孙某某户籍地检察机关开展异地考察帮教。两地检察机关共同研究制订有针对性的帮教方案，帮助孙某某着重提升法律意识和辨别是非能力、树立正确金钱观和消费观、提高就业知识和技能；建立严格的考察监督机制，定期回访和不定期抽查相结合，全面掌握孙某某考察期间思想、生活状况；创新沟通协调方式，通过远程视频会议系统实现两地检察机关和孙某某的三方会面，保证帮教工作顺利开展。

（三）坚持诉源治理，积极开展"反诈进校园"活动。结合本案反映出的问题，检察机关走进校园，系统讲解常见涉网络犯罪的基本特征与法律责任，帮助未成年人提高警惕意识，避免因无知和大意而被卷入涉网络犯罪。同时，积极与教育部门共同开设"线上云课堂"，加强以案释法，帮助未成年人及其监护人提升网络安全意识。

【典型意义】

一些信息网络犯罪团伙利用未成年人心智不成熟、法律意识淡薄等特点，使未成年人成为信息网络诈骗活动的"工具人"。办理此类案件时，检察机关应坚持最有利于未成年人的原则，认真落实宽严相济刑事政策，对初犯、偶犯，特别是仅出售个人少量银行卡、违法所得数额不大且认罪认罚的未成年人，严格把握起诉标准，全面落实未成年人特殊制度，为其回归社会预留通道，采取家庭教育指导等综合司法保护措施，助其迷途知返。同时，坚持诉源治理，积极推进"反诈进校园"活动，深入开展法治宣传教育，提升未成年人法治意识，避免因无知和大意而被卷入网络犯罪。

案例二

高某某盗窃案
——依法综合履职做实预防未成年人沉迷网络治理

【关键词】

不起诉精准帮教　预防未成年人沉迷网络　社会治理检察建议

【基本案情】

2022年5月至6月，高某某先后多次采用偷拿他人手机进行转账的方式，窃取他人支付宝和银行卡账户中的钱款人民币1万余元，用于网络游戏账号充值和购买装备。2022年6月28日，公安机关以高某某涉嫌盗窃罪移送审查起诉，鉴于高某某犯罪时系未成年人，具有自首、认罪认罚、积极退赔损失并取得被害人谅解等情节，检察机关依法对其作出相对不起诉决定。

【检察机关履职情况】

（一）深挖犯罪根源，精准开展矫治教育。上海市浦东新区人民检察院通过社会调查发现，高某某通过某手机应用市场下载了一款游戏代练App，为成年客户代练游戏并获取报酬，每天玩游戏时间长达十余个小时，因沉迷网络游戏而诱发犯罪。检察机关在对高某某作出相对不起诉决定后，根据预防未成年人犯罪法的相关规定，联合公安机关、社工以防治网络沉迷、矫正行为偏差为重点，借助数字化监管平台，对其开展矫治教育。同时，针对高某某父亲去世、母亲再婚，其由祖父抚养的情况，委托家庭教育指导站提供家庭教育支持，帮助高某某戒除网络依赖。

（二）制发检察建议，助力企业良性发展。检察机关调查发现，开发运营该手机应用市场的公司未经严格审核，为游戏代练App进行有偿推广、宣传和分发，引诱、鼓励包括未成年人在内的用户，进行网络游戏代练交易，加剧了未成年人沉迷网络的风险。针对本案暴露出的预防未成年人沉迷网络措施落实不到位问题，检察机关向该公司制发检察建议并进行公开宣告，建议其对所有上架 App 进行全面审查，并建立定期巡查制度，畅通投诉受理途径，健全未成年人保护工作机制。该公司全面接受检察建议，主动下架 10 余款问题软件、游戏，并在公司内部成立"未成年人保护工作小组"，建立季度自查、涉未成年人投诉处理专员等工作机制。

（三）多方协同齐抓共管，系统推进网络沉迷治理。为进一步扩大治理效果，检察机关邀请网信办等主管部门、专家学者与该公司及辖区内相关互联网企业，就网络资源下载平台如何预防未成年人沉迷网络进行研讨，帮助企业提升依法经营意识，完善防沉迷技术措施。检察机关还就网络游戏宣传、推广过程中防沉迷措施的落实，与网络游戏行业协会交换意见，推动协会向成员单位发出倡议，倡导对网络游戏产品进行分类，并作出适龄提示。此外，检察机关开展未成年人网络保护法治课堂，并推动该课堂入驻支付宝空间站，联合开发"AR 奇妙探险 GO"青少年网络安全数字体验活动，促进预防未成年人沉迷网络治理长效长治。

【典型意义】

随着互联网的广泛运用，未成年人沉迷网络现象日益突出，成为未成年人违法犯罪的重要诱因。检察机关办理未成年人涉网络犯罪案件，应当高度关注对涉罪未成年人沉迷网络行为的矫治，通过数字赋能、家庭教育指导等手段对其进行精准帮教。同时，对相关网络产品、服务提供者履行预防未成年人沉迷网络义务的情况进行全面调查，针对网络资源下载平台未履行内容审查义务，对破坏未成年人防沉迷系统的软件进行推广问题，以检察建议督促企业强化落实未成年人网络保护责任。检察机关还可以通过召开座谈会、走访行业协会、加强法治宣传等举措助推政府、企业、社会综合发力、齐抓共管,深入推进未成年人网络防沉迷"系统工程"。

案例三

朱某某强奸、猥亵儿童、强制猥亵案
——严厉打击网络性侵未成年人犯罪,积极推动诉源治理

【关键词】

网络性侵　从严惩治　心理救助　长效机制

【基本案情】

2019年至2020年,朱某某通过网络社交软件诱骗、胁迫杨某等8名未成年人拍摄裸体、敏感部位照片、不雅视频,发送其观看;并以散布裸照、不雅视频相威胁,强迫杨某线下见面,发生性关系。另据查明,2019年年初,朱某某以不雅视频相威胁,强行与成年女性秦某某发生性关系。检察机关对该案提起公诉后,法院以强奸罪、猥亵儿童罪、强制猥亵罪判处朱某某有期徒刑十五年六个月,剥夺政治权利一年。

【检察机关履职情况】

(一)深挖细查,全面查清犯罪事实。本案报请审查批捕后,北京市平谷区人民检察院发现除公安机关已认定的4名被害人外,朱某某还存在利用网络侵害其他被害人的可能,遂建议公安机关继续侦查,至侦查终结时被害人增至7名。审查起诉阶段,检察机关自行侦查,委托鉴定机构及时恢复并提取朱某某手机中社交软件已删除的数据信息,通过对电子数据梳理审查,追加认定朱某某猥亵另外2名未成年人的犯罪事实。

(二)关注未成年被害人身心健康,引导建立良好用网习惯。检察机

关在打击犯罪的同时，注重对未成年被害人心理修复，委托专业力量开展心理评估、心理治疗，帮助被害人尽快回归正常学习和生活。通过电话沟通、家庭走访、检校合作等方式持续跟踪回访，帮助被害人建立良好用网习惯。依托法治副校长工作机制，线上线下开展网络安全教育和防性侵教育，引导未成年人正确使用网络，提高网络安全意识，阻断伸向未成年人的网络"黑手"。

（三）总结网络性侵类案规律，建设长效预防机制。为减少性侵案件发生，检察机关全面梳理分析本地近三年网络性侵未成年人案件，发现该类案件中，普遍存在被害人在网络上的自我保护意识严重不足，易轻信他人，遭受侵害后因害怕被犯罪分子打击报复而不敢报警等问题。为此，检察机关与网信、网安部门就未成年人网络保护问题进行专题座谈，加强未成年人网络侵害线索移送，促推两部门加强网络平台监督管理。针对涉案某社交软件存在的未成年人网络保护责任未落实问题，检察机关在全市开展排查，就发现的行政主管机关存在监管不到位问题，促推行政主管机关约谈该社交软件运营公司，督促严格落实未成年人网络保护主体责任。

【典型意义】

随着互联网的快速发展，未成年人"触网"低龄化趋势越发明显，性侵未成年人犯罪已经出现线上线下相互交织的新形态。检察机关在办理网络性侵未成年人案件时，应准确把握网络性侵特点，依法深挖、追诉犯罪，以"零容忍"态度严厉打击。同时，加强未成年被害人保护，开展心理救助，帮助未成年人尽快回归正常生活。注重综合履职，统筹治罪与治理，推动学校、社会、政府等未成年人保护主体协同发力，线上线下一体治理，护航网络时代未成年人健康成长。

案例四

隋某某猥亵，强奸，敲诈勒索，制作、贩卖、传播淫秽物品牟利案
——疏堵结合，治罪治理并重

【关键词】

网络性侵　畅通线索渠道　阻断传播链条　专项治理

【基本案情】

2022年1月，隋某某使用网络社交软件向未成年被害人刘某某发送淫秽视频，并威胁、诱导刘某某自拍裸体照片和视频发送给其观看。后以此威胁刘某某发生性关系，并向刘某某索要钱财。同时，隋某某通过网络将上述裸体照片和视频售卖。检察机关对该案提起公诉后，法院以猥亵儿童罪，强奸罪，敲诈勒索罪，制作、贩卖、传播淫秽物品牟利罪判处隋某某有期徒刑十年，并处罚金人民币三千元。

【检察机关履职情况】

（一）落实强制报告，畅通线索渠道。为有效解决侵害未成年人案件线索发现难问题，山东省青岛市崂山区人民检察院推动公安机关设立"涉未成年人强制报告警情专线"，助力实现快速侦破案件和保护救助未成年被害人。未成年被害人刘某某的老师通过强制报告警情专线报警后，公安和检察机关快速反应，实现了及时打击犯罪和救助未成年被害人的双重目标。

（二）阻断传播链条，避免被害人二次伤害。检察机关督促公安机关固定证据后将隋某某缓存的、上传至社交账号、云盘等处的不雅视频进行技术删除，"线上+线下"阻断传播链条。联合公安机关、涉案学校、

家长对购买淫秽视频并观看的学生开展分级干预和法治教育，制发"督促监护令"督促父母依法履行监护职责。同时，委托心理咨询师对被害人及其监护人定期开展心理疏导，帮助其走出创伤。

（三）积极促推开展网络空间专项治理，推动未成年人综合保护。检察机关通过法治进校园、举办专题讲座、网络安全知识问答等活动，引导学生正确使用网络，免受不法侵害。推动教育行政主管部门建立网络监管报告机制，及时向公安机关报告违法不良网络信息，已发现并报告违法不良网络信息问题9件，有效减少了网络侵害的发生。

【典型意义】

检察机关立足个案保护，坚持"办理一个案子、保护一批孩子"，及时阻断不雅视频传播，帮助未成年被害人及时恢复正常学习和生活。重视检察机关在推进社会治理方面的责任，以"保护一个孩子、预防一片领域"为目标，促推其他保护力量共同开展网络空间专项治理，为未成年人营造更为健康安全的网络环境，提升未成年人综合保护效果。

案例五

冯某隐私权保护案
——依法支持未成年人维权

【关键词】

网络隐私侵权　支持起诉　人格权侵害禁令

【基本案情】

2020年10月至11月，未成年人邹某偷拍同学冯某的隐私视频，后发送他人，冯某因此遭受精神困扰。同学项某向邹某索要该视频，并通过网络聊天软件对冯某进行言语骚扰。该视频及相关言论传播至冯某所在学校，使冯某学习和生活受到严重影响。

【检察机关履职情况】

（一）依法支持侵权之诉，充分保障诉权行使。冯某及其监护人向浙江省杭州市上城区人民检察院申请支持起诉维护其隐私权。检察机关对隐私视频内容、网络传播情况开展调查，引导女性法律援助律师对损害结果进行取证，确认冯某精神损害情况。同时委托心理医生稳定冯某情绪，防止造成二次伤害。经调查，检察机关依法支持起诉，并协助提供关键证据。法院支持全部诉讼请求，判决邹某立即停止侵害、书面赔礼道歉以及赔偿精神损害赔偿金。

（二）依法支持申请人格权侵害禁令，积极施措有效救济。冯某向检察机关反映项某曾以隐私视频对其进行网络骚扰，担心不及时制止，自身身心健康将继续受到损害，向检察机关申请支持对项某提出人格权侵害禁令申请。检察机关依法支持申请。法院裁定禁止项某以任何形式存储、控制和传播涉案视频，禁止借涉案视频实施一切骚扰、威胁等行为。裁判后，检察机关主动跟进监督，督促邹某、项某及监护人责任履行到位。冯某接受书面道歉、精神赔偿并获得禁令保护，恢复正常学习生活。

（三）多方共护健康成长，协同提升治理成效。为帮助冯某恢复正常学习生活和对侵权学生进行教育，一方面，检察机关引入专业医疗力量，对冯某开展心理干预和治疗，直至其精神恢复、返校学习；另一方面，落实家庭保护，约谈侵权学生的监护人并制发"督促监护令"，督促监护人依法履行家庭监护责任。同时，多次走访当事人所在学校，制发检察建议帮助学校建立欺凌防控等工作制度。学校对实施校园欺凌、隐私侵权的学生依规进行了教育处理，通过控制传播和保护隐私等措施，最大程度降低事件对冯某的不良影响。检察机关还联合教育、民政等部门出台相关综合保护工作意见，搭建多方共护平台，共同提升未成年人权益保护成效。

【典型意义】

网络传播未成年人隐私，传播速度快、影响范围广、精神损害大，严重侵犯未成年人人格权益。检察机关充分运用支持起诉职能，以能动司法推动网络保护，既支持未成年人提出隐私侵权之诉维护自身权益，又支持其提出人格权侵害禁令申请，并跟进监督落实，帮助未成年人依法维护自身合法权益。同时，强化诉源治理、注重协同共治，制发"督促监护令"督促父母落实家庭保护责任，制发检察建议促推学校健全欺凌防控等工作制度，全方位提升未成年人权益保护成效。

案例六

肖某某、邓某某侵犯公民个人信息案
—— 多措并举保护未成年人个人信息安全

【关键词】

未成年人个人信息权益　融合履职　未成年人网络公益保护

【基本案情】

2020年4月至10月，肖某某与邓某某利用发卡平台源码，建立网络交易平台，对外开放注册，供用户进行公民身份证号码、支付宝账户等个人信息非法交易。肖某某还在平台提供资金结算等服务，并按交易额收取服务费，交易总金额超过人民币47万元。截至案发，注册平台的卖家共200余人，非法买卖未成年人个人信息95万余条，被侵害个人信息的未成年人分布在浙江、天津、河北等全国多地，严重损害未成年人合法权益。2021年2月，检察机关对肖某某、邓某某涉嫌侵犯公民个人信息罪提起公诉，法院判处肖某某有期徒刑四年三个月并处罚金，判处邓某某有期徒刑四年并处罚金。2021年10月，检察机关向法院提起民事公益诉讼，法院判令被告人肖某某、邓某某共同支付损害赔偿款人民币30万元，并在国家级媒体上向社会公众刊发赔礼道歉声明。

【检察机关履职情况】

（一）一体化协同办案，从严惩处利用互联网信息技术和平台侵害未成年人的刑事犯罪。浙江省杭州市拱墅区人民检察院积极推进一体化协同办案，依托数字化办案手段，将涉案电脑、手机、硬盘、U盘进行勘验，将几百万条个人信息进行比对、去重，最终精准确定出售和购买的公民个人信息条数。通过对后台数据的再次勘验，调取到每条信息的贩卖价格，最终确定涉案销售总额和违法所得。同时，追诉上游罪犯1人，立案监督同案犯3人。

（二）依法及时提起公益诉讼，有力维护未成年人合法权益。检察机关从办理刑事案件中发现涉未成年人民事公益诉讼线索，认为肖某某、邓某某在未取得未成年人及其监护人同意的情况下，从他人处购买近百万条未成年人身份信息，并自行组织搭建、运营涉案平台，用以出售并允许他人出售未成年人身份信息，属于非法收集、买卖个人信息的侵权行为。由于被侵权人人数众多、分布全国多地，构成对公共信息安全领域的未成年人公共利益侵害。检察机关依法向肖某某、邓某某提起民事公益诉讼。

（三）建立协作联动机制，形成未成年人个人信息网络保护工作合力。针对案件中发现的用于违法犯罪的网站和注册公司的监管漏洞，以及辖区内可能存在的类似侵害未成年人个人信息安全的违法网站问题，检察机关结合办案延伸履职，加强与网信部门、公安机关协商，建立打击违法网站协作机制，推动解决网络保护监管盲区，实现联动通报、数据共享、类案监督、行刑衔接、社会治理的长效保护机制，完善网络监管，合力营造未成年人网络保护良好环境。

【典型意义】

未成年人个人信息受法律保护。侵犯公民个人信息犯罪具有成本低、获益高的特点，检察机关应当依法严惩通过互联网售卖未成年人个人信息的犯罪行为。在办理涉未成年人刑事案件过程中，应当强化未检"四大检察"融合履职，注重通过公益诉讼等职能手段，更加有力保护公共信息安全领域未成年人合法权益。检察机关应当依法履行法律监督职责，以案件办理推动社会治理，加强与网信、公安机关的协作，建立未成年人个人信息网络保护长效机制，形成未成年人网络保护合力。

【地方发布选登】

北京市未成年人保护条例

（1988年10月20日北京市第九届人民代表大会常务委员会第五次会议通过 根据1992年2月14日北京市第九届人民代表大会常务委员会第三十二次会议通过的《关于修改〈北京市未成年人保护条例〉的决定》修正 根据1997年4月16日北京市第十届人民代表大会常务委员会第三十六次会议通过的《关于修改〈北京市未成年人保护条例〉的决定》修正 2003年12月5日北京市第十二届人民代表大会常务委员会第八次会议修订 根据2016年11月25日北京市第十四届人民代表大会常务委员会第三十一次会议通过的《关于修改部分地方性法规的决定》修正 2023年5月26日北京市第十六届人民代表大会常务委员会第三次会议修订）

目　　录

第一章　总　　则
第二章　家庭保护
第三章　学校保护
第四章　社会保护
第五章　网络保护
第六章　政府保护
第七章　司法保护

第八章　法律责任

第九章　附　　则

第一章　总　　则

第一条　为了保护未成年人身心健康，保障未成年人合法权益，促进未成年人德智体美劳全面发展，培养有理想、有道德、有文化、有纪律的社会主义建设者和接班人，培养担当民族复兴大任的时代新人，根据《中华人民共和国未成年人保护法》等法律、行政法规，结合本市实际，制定本条例。

第二条　保护未成年人是全社会的共同责任，应当坚持最有利于未成年人的原则。

处理涉及未成年人事项，应当符合下列要求：

（一）给予未成年人特殊、优先保护；

（二）尊重未成年人人格尊严；

（三）保护未成年人隐私权和个人信息；

（四）适应未成年人身心健康发展的规律和特点；

（五）听取未成年人的意见；

（六）保护与教育相结合。

第三条　政府、家庭、学校、社会应当对未成年人进行理想教育、道德教育、科学教育、文化教育、法治教育、国家安全教育、健康教育、劳动教育，加强爱国主义、集体主义和中国特色社会主义的教育，培养爱祖国、爱人民、爱劳动、爱科学、爱社会主义的公德，抵制腐朽思想的侵蚀，引导未成年人树立和践行社会主义核心价值观。

第四条　本市在党委领导下，建立政府统筹、司法联动、家庭学校社会协同的未成年人保护体系，发挥各方力量共同做好未成年人保护工作。

第五条　市、区人民政府应当将未成年人保护工作纳入本级国民经济和社会发展规划、计划，相关经费纳入本级政府预算。

市、区人民政府应当建立未成年人保护工作协调机制，统筹、协调、督促和指导有关部门做好未成年人保护工作。

民政、教育、公安、卫生健康、网信、市场监督管理、商务、司法行政、文化和旅游、新闻出版、电影、广播电视、交通等有关部门按照职责做好未成年人保护工作。

乡镇人民政府、街道办事处设立未成年人保护工作站，办理未成年人相关事务，并支持、指导、保障居民委员会、村民委员会做好未成年人保护工作。居民委员会、村民委员会应当设置专人专岗负责未成年人保护工作。

第六条　共产主义青年团、妇女联合会、工会、残疾人联合会、关心下一代工作委员会、青年联合会、学生联合会、少年先锋队以及其他人民团体、有关社会组织，应当协助各级人民政府及其有关部门、人民检察院、人民法院做好未成年人保护工作，发挥各自优势，开展有益于未成年人健康成长的活动，维护未成年人合法权益。

第七条　政府、家庭、学校、社会应当教育、帮助、指导未成年人树立自尊、自信、自立、自强意识，引导未成年人增强自我保护意识，依法维护自身合法权益；关注未成年人身心健康，培养社会成员保护未成年人的责任意识和自觉行动，共同营造有利于未成年人身心健康的成长环境。

第八条　任何组织或者个人发现不利于未成年人身心健康或者侵犯未成年人合法权益的情形，都有权劝阻、制止或者向公安、民政、教育、卫生健康、网信等有关部门提出检举、控告。

国家机关、居民委员会、村民委员会、密切接触未成年人的单位及其工作人员，在工作中发现未成年人身心健康受到侵害、疑似受到侵害或者面临其他危险情形的，应当立即向公安、民政、教育、卫生健康、网信等有关部门报告。

第九条　对保护未成年人有显著成绩和突出贡献的组织和个人，按照国家和本市有关规定给予表彰和奖励。

第二章　家庭保护

第十条　未成年人的父母或者其他监护人应当承担家庭教育主体责任，学习家庭教育知识，接受家庭教育指导，积极参加家庭教育指导机构、学校、幼儿园、社区等提供的公益性家庭教育指导和实践活动，树立正确的家庭教育理念，以良好的言行和适当的方法，教育、影响和保护未成年人。

鼓励共同生活的其他成年家庭成员学习家庭教育知识，参加家庭教育指导和实践活动，共同构建文明、和睦的家庭关系。

第十一条　未成年人的父母或者其他监护人应当教育未成年人养成良好的学习和生活习惯，指导、支持未成年人参加家庭劳动、文体活动、社会公益活动和健康的社会交往活动；为未成年人提供安全的家庭生活环境，及时排除引发触电、烧伤、烫伤、跌落、中毒等伤害的安全隐患；采取配备儿童安全座椅等措施，防止未成年人受到交通事故的伤害；对未成年人进行交通出行、健康上网和防溺水、防火灾、防欺凌、防性侵、防拐卖、防动物伤害等方面的安全知识教育，关注未成年人的心理健康，增强其自我保护的意识和能力。

第十二条　未成年人的父母或者其他监护人应当依法承担监护职责，履行抚养、教育和保护未成年人的义务；交由他人临时照护或者委托他人代为照护未成年人应当符合法律的规定。

未成年人的父母或者其他监护人，共同生活的其他成年家庭成员，以及临时照护人、代为照护的被委托人不得实施虐待、遗弃、非法送养、暴力伤害、性侵害等侵犯未成年人身心健康和合法权益的行为。

第十三条　未成年人的父母或者其他监护人，共同生活的其他成年家庭成员，以及临时照护人、代为照护的被委托人发现未成年人身心健康受到侵害、疑似受到侵害或者其他合法权益受到侵犯的，应当及时了解情况并采取保护措施；情况严重的，立即向公安、民政、教育、卫生健康、网信等有关部门报告。未履行报告义务的，任何组织或者个人都有权督促其履行，或者直接向有关部门报告。

第三章　学校保护

第十四条　学校、幼儿园应当健全并落实未成年人保护工作责任制，明确保护工作机构，建立、实施保护工作制度，维护未成年人合法权益，保障未成年人健康成长、全面发展。

第十五条　学校、幼儿园应当提供必要的卫生保健条件，按照规定设立卫生保健机构，配备专职或者兼职保健工作人员，购置必需的药品和急救器材，协助卫生健康部门做好在校、在园未成年人的卫生保健工作。

未成年人在校内、园内或者本校、本园组织的校外、园外活动中发生突发疾病、人身伤害事故等，学校、幼儿园应当立即救护，妥善处理，及时通知未成年人的父母或者其他监护人，并向有关部门报告。

第十六条　学校、幼儿园应当建立健全校园安全管理制度，落实日常巡查、定期检查、技防监控等措施，加强安全保卫、场地设施、食品安全、校车运行、学生宿舍、文体活动、消防安全等方面的安全管理。

学校、幼儿园的教育教学和生活设施，卫生环境和条件，以及为未成年人提供的食品、药品、服装、教具、餐具、体育运动器材等学习、生活用品，应当符合质量和安全标准。

学校、幼儿园发现教职员工或者拟聘用人员存在国家规定的可能对未成年人造成不良影响的身心疾病等情形的，应当按照要求进行评估，并将评估结果作为是否聘用或者调整工作岗位的依据。

第十七条　学校应当按照规定配备专职心理健康教育教师，设立心理辅导室，建立学生心理健康问题的筛查和早期干预机制，开展社会生活指导、心理健康测评、青春期教育、生命教育等，为未成年学生提供日常心理辅导与咨询，协同其父母或者其他监护人共同预防和解决学生心理、行为异常问题。

学校可以通过与社会工作服务机构、专业心理健康服务机构、精神卫生医疗机构等合作的方式，为未成年学生提供专业心理健康服务。

第十八条 学校应当建立学生体质监测制度，定期开展体检，发现未成年学生出现近视等倾向或者有影响体质的不良行为习惯的，应当进行必要的干预，并督促、指导其父母或者其他监护人及时给予健康保障。

第十九条 学校应当完善管理制度，保障未成年学生在课间、课后使用学校的体育运动场地、设施开展体育锻炼；学校体育设施应当在国家法定节假日、休息日及寒暑假期向本校学生免费或者优惠开放，具体办法由市教育部门另行制定。

区人民政府应当采取措施，鼓励和支持有条件的学校在国家法定节假日、休息日及寒暑假期向非本校未成年人免费或者优惠开放校内体育设施。

第二十条 学校应当与未成年学生的父母或者其他监护人互相配合，按照国家和本市规定，合理安排学生的学习时间，减轻学习负担，保障其休息、娱乐、体育锻炼和社会实践的时间。

学校应当加强在校未成年学生使用手机等智能终端产品管理。未经学校允许，未成年学生不得将手机等智能终端产品带入课堂，带入学校的应当统一管理。

面向未成年学生开展的各类主题教育宣传活动确需纳入教学内容的，应当符合法律、法规的规定，并与学生年龄、身心发展阶段、认知特点等相适应。

第二十一条 支持幼儿园对二至三周岁的幼儿提供保育、教育服务；鼓励学校在课后时间及寒暑假期提供未成年学生托管服务，丰富托管服务内容。教育部门应当对学校、幼儿园提供服务给予必要的指导、支持。

鼓励和支持社会力量举办婴幼儿照护服务机构。市、区人民政府及其有关部门可以通过提供场地、购买服务、给予市政公用服务优惠等方式,提供必要的支持。

第二十二条 学校应当将法治教育纳入教育教学计划,结合未成年学生特点,采取多种方式进行法治教育,培育法治观念,指导其依法规范自身行为、维护合法权益。

学校应当从司法和执法机关、法学教育和法律服务机构等单位,聘请符合条件的人员担任法治副校长或者校外法治辅导员,协助开展法治教育、学生保护、安全管理、预防犯罪等工作,并为其提供必要的工作便利。

学校应当在教育等部门的指导下建立法治副校长或者校外法治辅导员工作评价制度。

第二十三条 学校、幼儿园应当结合未成年人保护的需要,制定应对自然灾害、事故灾难、公共卫生事件等突发事件和意外伤害的预案,配备相应设施,并定期开展必要的急救、自救等应急培训和演练。

学校、幼儿园应当建立预防性侵害、性骚扰未成年人工作制度,对遭受性侵害、性骚扰的未成年人及时采取保护措施。

学校、幼儿园不得安排未成年人参加商业性活动,不得向未成年人及其父母或者其他监护人推销或者要求其购买指定的商品和服务。

第二十四条 学校应当建立学生欺凌防控工作制度,对教职员工、学生等开展防治学生欺凌的教育和培训,提升教职员工、学生对学生欺凌的预防、识别和应对处理能力。

学校应当定期开展防治欺凌专项调查,采取多种方式及时了解学生欺凌情况。学校教职员工、未成年人的父母或者其他监护人发现学生受到欺凌或者疑似受到欺凌的,应当及时向学校报告。学生报告欺凌情况的,学校应当采取必要的保护措施。

学校应当立即制止并依法认定、处理学生欺凌行为,开展心理辅导、教育引导及家庭教育指导等工作,未成年学生的父母或者其他监护人应当积极配合。

第二十五条 学校、幼儿园应当加强与未成年学生、幼儿的父母或者其他监护人的联系,及时沟通其学习、生活、身心健康、安全等情况;可以组织开展公益性家庭教育指导服务和实践活动,传授家庭教育的理念、知识和方法。

未成年学生、幼儿的父母或者其他监护人应当配合、支持学校、幼儿园开展教育、保育工作,参与校园治理,共同维护教学秩序,做好未成年人教育管理。

第四章 社会保护

第二十六条 全社会应当树立关心、爱护未成年人的良好风尚。

鼓励、支持和引导人民团体、企业事业单位、社会组织及其他组织和个人,开展有利于未成年人健康成长的社会活动和服务。

培育、引导和规范社会组织、社会工作者依法提供家庭教育指导服务,提供心理辅导、康复救助和家庭监护能力评估、收养评估等专业服务,参与涉及未成年人案件中未成年人的心理干预、法律援助、社会调查、社会观护、教育矫治、社区矫正等工作。

共产主义青年团、妇女联合会和未成年人保护组织可以设立未成年人服务热线,为未成年人提供心理健康咨询、法律维权等服务。鼓励、支持法律服务机构和律师协会为未成年人权益保护提供法律咨询服务。

第二十七条 鼓励科技工作者、艺术工作者、作家及其他人员,创作有利于未成年人健康成长的作品;鼓励出版、制作和传播有利于未成年人健康成长的图书、报刊、电影、广播电视节目、舞台艺术作品、音像制品、电子出版物和网络信息等。

第二十八条 有关单位应当按照国家和本市规定向未成年人提供便利、优惠或者免费的服务。任何组织或者个人不得违反有关规定,限制未成年人应当享有的照顾或者优惠。

第二十九条 在学校、幼儿园周边开展生产、经营及其他活动的,应当符合法律、法规的规定。

在学校、幼儿园周边二百米范围内不得设置营业性娱乐场所、酒吧、互联网上网服务营业场所等不适宜未成年人活动的场所；在学校、幼儿园周边一百米范围内不得设置售烟网点。

在学校、幼儿园周边一定范围内不得设置酒、彩票销售网点，具体范围由市商务、民政、体育等部门确定并公布。

任何人不得在学校、幼儿园和其他未成年人集中活动的公共场所吸烟、饮酒。

第三十条 向未成年人销售商品、提供服务，应当与其年龄、智力发展状况相适应，不得侵害未成年人的身心健康和合法权益，并符合下列规定：

（一）剧本娱乐经营场所使用的剧本脚本应当设置适龄提示，标明适龄范围；设置的场景不适宜未成年人的，不得允许未成年人进入；除国家法定节假日、休息日及寒暑假期外，不得向未成年人提供剧本娱乐活动。

（二）未经未成年人的父母或者其他监护人同意，不得向未成年人提供医疗美容服务，紧急救治情况下无法取得其父母或者其他监护人同意的，按照国家规定办理。

（三）不得向未成年人提供文身服务。

（四）法律、法规的其他规定。

第三十一条 旅馆、宾馆、酒店、民宿等住宿经营者接待未成年人入住时，应当询问其父母或者其他监护人的联系方式、同住人员身份关系等情况，并如实记录。发现下列可疑情形的，应当立即向公安机关报告，及时联系未成年人的父母或者其他监护人，并采取相应的安全保护措施：

（一）未成年人单独入住、异性未成年人或者多名未成年人共同入住，没有合理解释的；

（二）未成年人和成年人共同入住，不能说明身份关系或者身份关系有疑点的；

（三）未成年人身体受伤、醉酒、意识不清，可能存在被殴打、麻醉、胁迫等情况的；

（四）其他可疑情形。

第三十二条 任何组织或者个人不得招用未满十六周岁未成年人，国家另有规定的除外。

营业性娱乐场所、酒吧、互联网上网服务营业场所等不适宜未成年人活动的场所，不得招用已满十六周岁的未成年人。

招用已满十六周岁未成年人的单位和个人应当执行国家在工种、劳动时间、劳动强度和保护措施等方面的规定，不得安排其从事过重、有毒、有害等危害未成年人身心健康的劳动或者危险作业。

第三十三条 密切接触未成年人的单位招聘、录用工作人员，或者采用劳务派遣、劳务外包等用工形式的，应当依法履行从业查询义务；不得录用具有性侵害、虐待、拐卖、暴力伤害等违法犯罪记录的人员。

第五章 网络保护

第三十四条 网信部门负责统筹协调未成年人网络保护工作。网信部门、新闻出版、教育、公安、民政、卫生健康、文化和旅游、市场监督管理、电影、广播电视等有关部门，以及学校、未成年人的父母或者其他监护人等，依据各自职责和义务，采用适合未成年人身心健康特点的技术产品和服务，做好未成年人保护工作，保障未成年人在网络空间的合法权益。

网信部门会同公安、文化和旅游、新闻出版、电影、广播电视等部门，根据不同年龄阶段未成年人的成长特点，确定可能影响未成年人身心健康的网络信息的种类、范围和判断标准；依法惩处利用网络从事危害未成年人身心健康的行为。

第三十五条 网络产品和服务提供者应当建立健全未成年人保护机制和网络合规制度，明确专门负责未成年人保护的人员及岗位职责，依法履行未成年人保护义务，并遵守下列规定：

（一）建立便捷、合理、有效的投诉和举报渠道，向社会公开投诉、举报方式等信息，及时受理、处理涉及未成年人的投诉、举报；

（二）建立网络信息生产和传播自查、内部审核制度，发现存在可能影响、危害未成年人身心健康或者利用网络对未成年人实施违法犯罪行为的，应当及时采取必要措施；

（三）设置防沉迷技术措施，不得向未成年人提供诱导沉迷的产品和服务，应当针对未成年人使用产品和服务设置时间管理、权限管理、消费管理等功能，提示在上网服务设施和智能终端产品上安装未成年人网络保护软件；

（四）建立未成年人个人信息保护制度，发现未成年人通过网络发布私密信息的，应当及时提示，并采取必要的保护措施；

（五）建立未成年人网络欺凌预警预防机制，设立紧急防护功能；

（六）向未成年人提供人工智能产品和算法推荐服务的，应当便于未成年人获取有益身心健康的信息，不得推送可能引发模仿不安全行为、诱导不良嗜好或者违反社会公德等影响未成年人身心健康的信息；

（七）法律、法规的其他规定。

第三十六条 以未成年人为服务对象的在线教育网络产品和服务提供者应当遵守内容审核规定，不得插入网络游戏链接，不得推送广告等与教学无关的信息。

线上直播类培训应当设置合理的时段、时长，保证未成年人休息时间。

第三十七条 网络游戏、网络直播、网络音视频、网络社交等网络服务提供者应当完善网络社区规则和用户公约，引导规范未成年人的网络行为；不得违反规定向未成年人提供现金充值、在线支付等打赏服务，以及其他不适宜未成年人的服务。

网络游戏服务提供者应当对游戏产品进行分类，作出适龄提示，并采取技术措施，防止未成年人接触不适宜的游戏；要求未成年人以真实身份信息注册并登录网络游戏,并不得在每日二十二时至次日八时向未成年人提供网络游戏服务。

任何组织或者个人不得向未成年人提供网络游戏账号租售交易服务。以租售账号等方式规避未成年人网络游戏管理规定的,网络游戏服务提供者应当采取限制使用、终止服务或者封闭账号等措施予以处理。

网络直播服务提供者不得为未满十六周岁的未成年人提供网络直播发布者账号注册服务;为年满十六周岁的未成年人提供网络直播发布者账号注册服务时,应当对其身份信息进行认证,并征得其父母或者其他监护人同意。

第三十八条 网络行业组织应当加强行业自律,制定、实施未成年人网络保护行业规范,指导会员履行未成年人网络保护义务,加强对未成年人的网络保护。

网络产品和服务提供者可以成立未成年人保护联盟,通过建立健全、推广未成年人保护标准和行为准则等方式,履行未成年人保护的社会责任,提高未成年人保护水平。

第六章 政府保护

第三十九条 市、区人民政府及其有关部门应当保障校园安全,监督、指导学校、幼儿园等单位落实校园安全责任,建立突发事件报告、处置和协调机制,将安全、应急等知识和技能纳入校(园)长、教师培训和中小学公共安全教育内容。

公安机关和其他有关部门应当依法维护校园周边的治安和交通秩序,根据需要开展联合执法、安全隐患排查、社会治安及交通综合治理等行动,预防和制止侵害未成年人的违法犯罪行为。

第四十条 市、区人民政府应当建立和改善适合未成年人的活动场所和设施,支持公益性未成年人活动场所和设施的建设、运行,鼓励社会力量兴办适合未成年人的活动场所和设施,并加强管理。

市、区人民政府按照有关规定，统筹规划学校、幼儿园校车的配备和管理工作，组织有关部门为在校、在园未成年人提供安全、便利的校车服务。

本市推进儿童友好型城市创建，提升未成年人活动场所和设施的建设、运行水平。

第四十一条 市、区人民政府及其有关部门通过政府购买服务、孵化扶持、鼓励公益事业单位设置社会工作专业岗位等方式，培育和发展未成年人保护社会组织，加强社会工作专业队伍建设，支持开展有利于未成年人健康成长的社会活动和服务。

第四十二条 市、区人民政府应当将家庭教育指导服务纳入城乡公共服务体系和政府购买服务目录。

市民政部门会同教育、卫生健康、公安、网信等部门和妇女联合会、残疾人联合会等人民团体，制定家庭监护指引，为未成年人的父母或者其他监护人履行监护职责提供指导和帮助。

第四十三条 市、区人民政府及其有关部门应当对困境未成年人实施分类保障，采取措施满足其生活、教育、安全、医疗康复、住房等方面的基本需要。保障标准根据本市经济社会发展水平和困境未成年人生活需求等情况适时调整。

第四十四条 市、区人民政府及其有关部门应当建立健全残疾未成年人康复服务保障机制，开展残疾未成年人抢救性治疗和康复，丰富医疗、教育、社会融入等康复服务内容，满足残疾未成年人康复服务需求。

第四十五条 市、区人民政府及其教育等部门应当鼓励和支持学校、幼儿园开展融合教育，对具有接受普通教育能力、能适应校园生活的义务教育、学前教育阶段的残疾未成年人，在同等条件下，优先、就近安排在适宜的普通学校、幼儿园接受教育；保障不具有接受普通教育能力的残疾未成年人，在特殊教育学校、幼儿园接受学前教育、义务教育和职业教育。

市、区人民政府及其教育等部门应当保障特殊教育学校、幼儿园的办学、办园条件，鼓励和支持社会力量举办特殊教育学校、幼儿园。

第四十六条 民政部门、人民检察院、人民法院等可以根据需要，按照有关规范和标准，开展家庭监护能力评估。评估的具体办法由市民政部门会同人民检察院、人民法院等制定。

有关部门、乡镇人民政府、街道办事处等可以结合家庭监护能力评估结果和具体情况，对未成年人的父母或者其他监护人及其家庭给予监护指导、家庭教育指导、救助帮扶等支持和服务。有关组织和个人可以参考家庭监护能力评估结果，对具有法定情形、不适宜作为未成年人监护人的，依法向人民法院申请撤销其监护人资格。

对由民政部门依法进行临时监护的未成年人，根据其家庭监护能力评估结果，未成年人的父母或者其他监护人重新具备履行监护职责条件的，民政部门可以将未成年人送回其父母或者其他监护人抚养。居民委员会、村民委员会应当对监护情况进行随访。

第四十七条 公安机关在办案过程中或者接受报告后，发现未成年人的父母或者其他监护人严重伤害未成年人或者实施其他严重侵犯未成年人合法权益行为，致使未成年人面临人身安全威胁、处于无人照料等危险状况的，应当立即制止，将面临紧急危险的未成年人带离危险环境，并通知住所地民政部门、居民委员会或者村民委员会依法进行安置；对未成年人的父母或者其他监护人的违法犯罪行为，依法予以处理。

第四十八条 发生自然灾害、事故灾难、公共卫生事件等突发事件时，市、区人民政府及其有关部门，乡镇人民政府、街道办事处应当采取调查询问、摸底排查等方式及时了解未成年人监护情况。发现未成年人监护缺失的，由民政部门、未成年人住所地的居民委员会、村民委员会依法采取临时监护、临时生活照料及其他救助、保护措施。

第四十九条 民政部门应当对符合临时监护、长期监护法定条件的未成年人依法监护，及时作出安排，保障未成年人的合法权益。

民政部门应当会同相关部门加强对临时监护、长期监护的未成年人的保障，落实生活、教育、安全、医疗康复等保障措施，对长期监护的未成年人在其成年后按照规定给予就业扶持、住房保障、社会救助等。

第五十条 市、区人民政府及其民政部门应当规划建设儿童福利机构、未成年人救助保护机构，负责收留、抚养依法由民政部门监护的未成年人。

鼓励有条件的儿童福利机构、未成年人救助保护机构拓展社会服务功能，发挥场地、资源等优势，为残疾未成年人、困境未成年人等提供康复训练、托养照料、家庭教育指导等社会化服务。

第五十一条 民政、教育、市场监督管理、文化和旅游、商务、卫生健康、网信、公安等部门应当依法履行未成年人保护监督管理职责，在开展监督检查工作时，可以依法采取下列措施：

（一）进入有关单位的场所实施现场检查；

（二）询问有关人员，了解落实法律、法规情况；

（三）要求有关单位就相关问题作出说明；

（四）查阅复制证照、营业账簿、交易记录、监控录像等资料；

（五）其他必要的监督检查措施。

有关部门应当密切协作，加强信息互通共享，根据实际开展联合执法、专项检查等行动，优化未成年人成长环境。

第五十二条 公安、民政、教育、卫生健康、网信等部门应当制定报告指引，细化报告情形，指导、督促相关的密切接触未成年人的单位依法履行报告义务。

负有报告义务的单位应当建立健全内部制度和流程，加强对本单位人员的培训，不得因工作人员履行报告义务作出处分、单方解除劳动关系等侵犯其合法权益的决定。

第五十三条 公安、民政、教育、卫生健康、网信、市场监督管理等部门接到检举、控告或者报告，应当依法调查、处置，对检举、控告或者报告的组织或者个人的信息予以保密并及时反馈处理情况；不属于本部门职权的，应当接受、记录，并按照规定移送有关部门处理。

有关部门应当明确接受检举、控告或者报告的渠道，并向社会公布。

第五十四条 本市依托12345市民服务热线建立未成年人保护热线，设置专席人员，负责受理、转介涉及未成年人合法权益的诉求，收集意见建议，提供未成年人保护方面的咨询、帮助；专席人员应当熟悉未成年人身心特点，定期接受专门培训。

未成年人保护热线受理咨询、检举、控告和报告应当纳入本市接诉即办工作体系。

第七章 司法保护

第五十五条 公安机关、人民检察院、人民法院和司法行政部门应当确定专门机构或者指定专门人员，负责办理涉及未成年人案件。办理涉及未成年人案件，应当考虑未成年人身心特点和健康成长的需要，使用未成年人能够理解的语言和表达方式，听取未成年人的意见，保障未成年人的合法权益，依法提供法律援助或者司法救助。

第五十六条 公安机关、人民检察院、人民法院依托一站式综合办案中心，对受到性侵害、虐待、暴力伤害的未成年被害人开展一站式询问、取证、身体检查等工作，减轻对其身体、心理的不良影响。

一站式综合办案中心可以委托社会工作者、心理咨询师、律师等专业人员，驻场协助开展心理疏导、风险评估、法律咨询帮助等服务。

第五十七条 未成年犯罪嫌疑人、被告人没有委托辩护人的，公安机关、人民检察院、人民法院应当依法通知法律援助机构指派律师担任辩护人；未成年当事人因经济困难申请法律援助，有证据证明无固定生活来源的，免予核查其经济困难状况。

法律援助机构应当指派熟悉未成年人身心特点的律师为未成年人提供法律援助；未成年被害人为女性的，应当指派女性律师。有条件的法律援助机构可以组建专门的未成年人法律援助服务团队。

法律援助机构、律师协会应当对办理未成年人法律援助案件的律师进行指导和培训。

第五十八条　人民检察院依法对涉及未成年人的诉讼活动进行监督。

未成年人合法权益受到侵犯，相关组织和个人未代为提起诉讼的，人民检察院可以督促、支持其提起诉讼，并提供法律咨询、协助申请法律援助、协助收集证据、协助申请减免案件受理费等帮助；涉及公共利益的，依法提起公益诉讼。

第五十九条　人民法院发挥审判职能，依法保障未成年人人身权、财产权等合法权益。

人民法院审理继承案件，应当依法保护未成年人的继承权和受遗赠权；审理离婚案件，涉及未成年子女抚养问题的，应当尊重已满八周岁未成年子女的真实意愿，根据双方具体情况，按照最有利于未成年子女的原则依法处理。

人民法院开庭审理涉及未成年人案件，未成年被害人、证人一般不出庭作证；必须出庭的，应当采取保护其隐私的技术手段和心理干预等保护措施。

第六十条　公安机关、人民检察院、人民法院和司法行政部门发现有关单位未尽到未成年人教育、管理、救助、看护等保护职责的，应当向该单位提出建议，并可以采取询问、走访等方式督促落实。

被建议单位应当在一个月内书面回复建议落实情况；在规定期限内，经督促无正当理由不予落实或者落实不到位的，公安机关、人民检察院、人民法院和司法行政部门可以通报被建议单位的上级机关、行政主管部门或者行业自律组织等。

第六十一条　公安机关、人民检察院、人民法院、司法行政部门办理涉及未成年人的案件，可以会同民政部门、人民团体或者委托社会服务机构等，开展家庭教育指导、社会调查、社会观护、教育矫治、安置帮教、救助帮扶等工作。

公安机关、人民检察院、人民法院、司法行政部门开展上述工作，涉案未成年人住所地不在本市的，应当将有关情况通报至其住所地有关机关，按照最有利于未成年人的原则，综合考虑家庭情况、帮教条件等因素进行协调和安排；未成年人无固定住所的，应当依托未成年人救助保护机构、专门学校、社会观护基地等实施。

第八章 法律责任

第六十二条 未成年人的父母或者其他监护人，共同生活的其他成年家庭成员，以及临时照护人、代为照护的被委托人违反本条例第十二条规定的，由其居住地的居民委员会、村民委员会予以劝诫、制止；情节严重的，应当及时向公安机关报告，公安机关应当依法处理。

第六十三条 相关经营者违反本条例第二十九条第二款、第三款规定的，由文化市场综合执法、市场监督管理、烟草专卖、公安等部门按照职责分工责令限期改正，给予警告，没收违法所得，可以并处五万元以下罚款；拒不改正或者情节严重的，责令停业整顿或者吊销营业执照、吊销相关许可证，可以并处五万元以上五十万元以下罚款。

第六十四条 违反本条例第二十九条第四款规定的，由卫生健康、教育、市场监督管理等部门按照职责分工责令改正，给予警告，可以并处五百元以下罚款；场所管理者未及时制止的，由卫生健康、教育、市场监督管理等部门按照职责分工给予警告，并处一万元以下罚款。

第六十五条 违反本条例第三十条第（二）项规定，未经未成年人的父母或者其他监护人同意，向未成年人提供医疗美容服务的，由卫生健康部门责令改正，处一万元以上三万元以下罚款；拒不改正或者造成严重后果的，处三万元以上三十万元以下罚款，对有关医务人员可以责令暂停一个月以上六个月以下执业活动。未依法取得医疗机构执业许可证，向未成年人提供医疗美容服务的，按照国家有关规定处理。

第六十六条 违反本条例第三十条第（三）项规定，向未成年人提供文身服务的，由市场监督管理部门责令改正，处一万元以上三万元以下罚款；拒不改正或者造成严重后果的，责令停业整顿，可以并处三万元以上三十万元以下罚款；医疗美容机构向未成年人提供文身服务的，由卫生健康部门按照上述规定予以处罚。

第六十七条 密切接触未成年人的单位违反本条例第三十三条规定的,由教育、人力资源和社会保障、市场监督管理等部门按照职责分工责令限期改正,给予警告,并处五万元以下罚款;拒不改正或者造成严重后果的,责令停业整顿或者吊销营业执照、吊销相关许可证,并处五万元以上五十万元以下罚款,对直接负责的主管人员和其他直接责任人员依法给予处分。

第九章 附 则

第六十八条 本条例自 2023 年 6 月 1 日起施行。

《北京市未成年人保护条例》的理解与适用

张雪梅[*]

2023年5月26日，北京市第十六届人大常委会第三次会议表决通过《北京市未成年人保护条例》（以下简称《条例》），自2023年6月1日起施行。这是北京市第十六届人大常委会通过的首部地方性法规，是在充分吸纳各级人大代表、专家学者、未成年人、学校教师、社会公众、司法机关、政府各部门、未成年人保护社会组织等意见与建议基础上形成的，是全市人民群众集体智慧的结晶。

本次条例修订以问题为导向，体现整体性、可操作性、全面大修的思路，细化、补充了未成年人保护法相关规定，回应社会关切，巩固实践经验，推进探索创新，解决实践难题，符合本市实际。具体来说，有以下亮点。

一、凸显最有利于未成年人原则

《条例》的修订过程和修订内容，均凸显最有利于未成年人原则。

从启动立项论证调研到完成审议通过，历时两年多的时间，在这一过程中，围绕在北京市如何落实最有利于未成年人原则，北京市人大社会建设委员会和法制委员会、市民政局、市司法局开展数十次调研座谈，向社会公开征求意见，充分吸纳人大代表、专家学者、未成年人、学校

---

[*] 北京青少年法律援助与研究中心副主任。

教师、社会公众、司法机关、政府各部门、未成年人保护社会组织意见与建议。

《条例》的修订内容也是以最有利于未成年人原则为主线，贯穿总则和各章之中。

《未成年人保护法》规定，保护未成年人，应当坚持最有利于未成年人的原则。《条例》把这一原则放在总则第二条即立法依据之后来强调，突出了该原则作为《条例》修订和未成年人保护工作的价值取向，《条例》以最有利于未成年人原则为主线整体推进六大保护体系、注重各种制度措施衔接补充。最有利于未成年人原则在各章规定中都有具体体现，与总则前后呼应。

例如，在家庭保护、学校保护方面都体现了对未成年人身心健康的保护。在社会保护一章，规定任何组织或者个人不得违规限制未成年人应当享有的权益，特别规定剧本娱乐经营场所、医疗美容、文身、民宿等新兴行业和新业态在保护未成年人方面的具体要求。

网络保护一章，强化网络产品和服务提供者建立健全未成年人保护机制等责任，明确其保护未成年人的具体义务，并规定了网络行业组织应当加强行业自律、制定行业规范和发挥指导作用。

政府保护一章着力夯实公共服务保障，进一步提升对困境未成年人、残疾未成年人的保障水平，强化特殊儿童融合教育发展，推进儿童友好型城市建设，提升适合未成年人活动场所设施的建设、运行水平，支持幼儿园面向2岁至3岁幼儿提供保育、教育服务，制定侵害未成年人强制报告的报告指引与明确报告流程，明确密切接触未成年人单位的劳务派遣和劳务外包等人员依法履行从业查询义务，建立未成年人保护热线设置专席人员并纳入本市接诉即办工作体系。

司法保护一章，建立一站式综合办案中心，明确法律援助要求，支持法律服务机构和律师协会提供权益保护服务，规定检察院支持起诉与公益诉讼，明确涉案未成年人异地协作帮教与救助帮扶。

最后一章强化法律责任。这些具体条款规定的内容，既体现了最有利于未成年人的原则，又是对上位法的细化和补充，有利于《条例》的实施和适用。

二、突出对未成年人身心健康的保护

学生体质与心理健康备受家庭、学校、社会的关注。

在《条例》修订调研中，未成年人的校园安全和心理健康方面的意见建议较多，北京市人大常委会也多次走进学校，征求和听取教师以及未成年人的意见。《条例》结合调研，以问题为导向，规定了家庭、学校保护未成年人身体和心理健康方面的具体措施与要求，注重细节规定，亮点颇多。

一是总则中强调政府、家庭、学校、社会应当关注未成年人身心健康，共同营造有利于未成年人身心健康的成长环境。这些规定不仅关注未成年人健康成长，更是突出了未成年人心理方面的健康。

二是家庭保护中规定未成年人的父母或者其他监护人关注未成年人的心理健康，增强其自我保护的意识和能力。未成年人的父母或者其他监护人，共同生活的其他成年家庭成员，以及临时照护人、代为照护的被委托人不得实施侵犯未成年人身心健康和合法权益的行为。这里着重强调了家庭中对未成年人身体、心理健康以及合法权益的保护。

三是规定学校加强学生心理健康筛查和心理健康教育与服务。明确学校应当按照规定配备专职心理健康教育教师，设立心理辅导室，建立学生心理健康问题的筛查和早期干预机制，开展社会生活指导、心理健康测评、青春期教育、生命教育等，为未成年学生提供日常心理辅导与咨询，协同其父母或者其他监护人共同预防和解决学生心理、行为异常问题。同时，规定学校可以通过与社会工作服务机构、专业心理健康服务机构、精神卫生医疗机构等合作的方式，为未成年学生提供专业心理健康服务。

四是规定学校家庭互相配合，及时沟通其学习、生活、身心健康、安全等情况，减轻学习负担，保障其休息、娱乐、体育锻炼和社会实践的时间。同时，规定建立学生体质监测制度，预防近视或者有影响体质的不良行为习惯。

五是规定应当建立学生欺凌防控工作制度，着重强调了通过教育和培训提升教职员工、学生对学生欺凌的预防、识别和应对处理能力，定期开展防治欺凌专项调查，采取多种方式及时了解学生欺凌情况。同时对学生欺凌的报告、保护、认定与处理作出规定。

六是《条例》还对校园安全提出了明确具体的要求。明确了学校幼儿园日常巡查、定期检查、技防监控等方面的责任和在安全保卫、场地设施、食品安全、校车运行、学生宿舍、文体活动、消防安全等方面加强安全管理，并要求学校制定突发事件和意外伤害的预案，定期开展必要的急救、自救等应急培训和演练等。

三、完善家庭监护指导、支持与监督内容

监护是对未成年人实施保护的最基础、最重要的内容。很多关于未成年人保护的问题都是由于监护出了问题，例如，未成年人遭受性侵、欺凌，事实无人抚养，监护侵害，未成年人违法犯罪等。这些问题的解决需要依赖于一个完善的监护制度。

未成年人保护法规定了父母或其他监护人应当依法履行监护责任的同时，针对现实中家庭监护的支持和监督措施缺乏的现状，明确了国家对家庭监护支持、指导、帮助与监督方面的责任。上位法的该规定属于原则性规定，缺乏具体的监护支持与监督制度设计，地方立法空间较大。《条例》针对现实中这一急需解决的问题，作出了以下回应。

一是强化未成年人的父母或其他监护人在未成年人成长过程中的主体责任意识，明确其要接受家庭教育指导，掌握家庭教育知识，以提升监护能力。

二是针对当前家庭教育中家长存在的亲子沟通技巧、教养模式等实际需求，结合《家庭教育促进法》相关规定，在政府保护中规定市、区人民政府应当将家庭教育指导服务纳入城乡公共服务体系和政府购买服

务目录。在社会保护中规定鼓励培育、引导和规范社会组织、社会工作者依法提供家庭教育指导等服务，解决实践中家庭教育指导服务资源与需求供给不足等问题。

三是回应一些家庭养育无方、监护不当的现象，《条例》在《未成年人保护法》家庭保护方面规定的具体监护职责和负面行为清单基础上，明确市民政局部门会同教育、卫生健康、公安、网信等部门和妇女联合会、残疾人联合会等人民团体，制定家庭监护指引，为未成年人的父母或者其他监护人履行监护职责提供指导和服务。

四是针对实践中存在的未成年人监护人、共同生活的其他家庭成员，以及受委托的照护人等对未成年人实施侵害的现象，规定了上述人员不得对未成年人实施虐待、遗弃、非法送养、暴力伤害、性侵害等侵犯未成年人身心健康和合法权益的行为。需要强调的是，这里的"身心健康"是在三审稿中增加的，不仅关注了积极的虐待、伤害等严重侵害现象，还考虑了父母等监护人、照护人在安全、营养、医疗、情感等方面的忽视和心理方面的侵害行为，包括了侵害身体健康、心理方面的侵害行为。

五是强化针对父母或其他监护人履行报告义务的监督。针对未成年人遭受权益侵害后，部分监护人隐瞒不报的问题，《未成年人保护法》第二十条规定："未成年人的父母或者其他监护人发现未成年人身心健康受到侵害、疑似受到侵害或者其他合法权益受到侵犯的，应当及时了解情况并采取保护措施；情况严重的，应当立即向公安、民政、教育等部门报告。"《条例》在该规定基础上进行补充、细化，强化监督，增加了"共同生活的其他成年家庭成员，以及临时照护人、代为照护的被委托人"等报告主体，增强未成年人周边人员报告的意识与责任；在向公安、民政、教育部门报告的基础上增加了向"卫生健康、网信等有关部门报告"；同时《条例》还增加了上述人员"未履行报告义务的，任何组织或者个人都有权督促其履行，或者直接向有关部门报告"。

六是进一步推动落实侵害未成年人的强制报告制度。回应调研发现的制度落实不到位、报告不及时等问题，《条例》规定公安、民政、教育、卫生健康、网信等部门应当制定报告指引，细化报告情形，指导、督促相关的密切接触未成年人的单位依法履行报告义务，并规定负有报告义务的单位应当建立健全内部制度和流程，并加强对本单位人员的培训，不得因工作人员履行报告义务作出处分、单方解除劳动关系等侵犯其合法权益的决定。当然，强制报告制度并不仅是对家庭监护的监督措施和发现渠道，还包括对其他侵害或疑似侵害未成年人身心健康，或者未成年人面临其他危险等情形的情况。

四、细化监护制度，明确程序衔接

《条例》明确监护能力评估、紧急带离、依法安置、国家监护与成年安置的程序衔接。

《条例》修订中，基层未成年人救助保护机构、儿童福利机构和立法机关，一直非常关注监护部分内容，希望在上位法的基础上寻求地方立法空间，细化制度内容、丰富具体措施、明确标准和流程、完善程序衔接等。

目前，涉及监护制度的上位法主要有《民法典》总则编和婚姻家庭编、未成年人保护法等，体现了监护制度的立法进步。

《民法典》从法律层面完善了监护制度的基本架构，《未成年人保护法》进一步厘清家庭监护与国家监护的职责和关系、完善国家临时监护、长期监护的情形。两部法律共同构建了"以家庭监护为主，以监护支持、监督和干预为手段，以国家监护为兜底保障"的未成年人监护制度体系。虽然监护制度有了有很大进步和完善，但仍存在监护支持、监督缺乏具体制度设计，监护能力的评估和确认制度缺失，临时监护的程序与长期监护的安置尚需进一步细化等问题，法律在实施中仍存在各项规定和各种制度举措衔接不紧密、主体职责不清、基层实用性不足等情况。这些问题的存在，不利于保障未成年人及时获得全面、妥善、有效的监护，实践中，监护侵害案件时有发生。

无论上位法的实施还是实践的工作需求，都需要地方立法在上位法基础上予以细化、明确相关内容。《条例》在修订中充分注意和考虑到了实践中的问题，结合调研发现和专家建议，明确了监护能力评估、紧急带离、依法安置、国家监护与成年安置的程序衔接。这在目前全国各地的未成年人保护地方立法中都是先行探索和很大的亮点。

一是回应监护缺失、监护能力不足、监护不当、监护侵害等监护困境未成年人的家庭监护能力如何评估认定问题。明确了民政部门、人民检察院、人民法院等可以根据需要，按照有关规范和标准，开展家庭监护能力评估，并规定了社会组织、社会工作者可以依法提供家庭教育指导服务，提供心理辅导、康复救助和家庭监护能力评估等工作。同时，明确了家庭监护能力评估结果的具体运用。相关部门可以结合家庭监护能力评估结果和具体情况，对监护人及其家庭给予监护指导、家庭教育指导、救助帮扶等支持和服务；民政部门根据家庭监护能力评估结果可以将国家临时监护的未成年人送回家庭抚养；有关组织和个人可以参考家庭监护能力评估结果，对具有法定情形、不适宜作为未成年人监护人的，依法向人民法院申请撤销其监护人资格。

二是明确了紧急带离和依法安置的具体情形和工作流程。这是对实践工作中常出现的主体职责不清、流程不明导致一些问题得不到及时解决的有力突破。规定公安机关在办案过程中或者接受报告后，发现父母或者其他监护人严重伤害未成年人或者实施其他严重侵犯合法权益行为，致使未成年人面临人身安全威胁、处于无人照料等危险状况的，应当立即制止，将面临紧急危险的未成年人带离危险环境，并通知住所地民政部门、居民委员会或者村民委员会依法进行安置；对未成年人的父母或者其他监护人的违法犯罪行为，依法予以处理。

三是明确由民政部门进行临时监护、长期监护未成年人的生活安置和保障。规定民政部门应当对符合临时监护、长期监护法定条件的未成年人依法监护，及时作出安排，会同相关部门落实生活、教育、安全、医疗康复等保障措施，并针对接受长期监护的未成年人在成年后如何顺利融入社会生活问题规定了在其成年后按照规定给予就业扶持、住房保障、社会救助等保障。为加强临时监护和长期监护机构的建设，还规定市、区人民政府及其民政部门应当规划建设儿童福利机构、未成年人救助保护机构，负责收留、抚养依法由民政部门监护的未成年人；鼓励有条件的儿童福利机构、未成年人救助保护机构拓展社会服务功能，发挥场地、资源等优势，为残疾未成年人、困境未成年人等提供康复训练、托养照料、家庭教育指导等社会化服务。

四是结合新冠疫情防控中积累的预防未成年人监护缺失的工作经验，规定了突发事件下的筛查与保护措施。规定了市、区人民政府及其有关部门，乡镇人民政府、街道办事处应当采取调查询问、摸底排查等方式及时了解未成年人监护情况，发现未成年人监护缺失的，由民政部门、未成年人住所地的居民委员会、村民委员会依法采取临时监护、临时生活照料及其他救助、保护措施。

五、完善网络保护制度设计

《条例》强化网络企业建立未成年人保护机制和网络合规制度、发挥网络行业组织指导作用等网络保护举措。调研中，网络保护是最受关注的问题之一，主要是未成年人网络安全风险、预防网络沉迷问题方面的意见建议，备受关切。

北京市青少年法律援助与研究中心曾对100余位家长就孩子上网问题进行一对一访谈，家长们最担心的就是孩子沉迷手机网络游戏等问题。在《条例》修订调研中还发现，网络企业在落实上位法对加强未成年人网络保护的规定方面缺乏行业规范或行业标准，网络行业组织在这面可以发挥非常大的作用。

《条例》在网络保护一章，充分考虑到未成年人在网络时代的发展权、参与权、受保护权，细化、补充上位法规定，进一步针对"网络空间安全责任主体、网络企业未成年人保护机制建设、网络产品和服务提供者履行未成年人保护的具体义务、合理设置网络教育培训时长、禁止向未成年人租售游戏账号、制定网络行业规范"等问题进行细化、补充，以增强相关条款的针对性、可操作性。

一是强调未成年人网络保护工作的系统性要求，明确网信部门负责统筹协调未成年人网络保护工作，社会各主体均应依法履行未成年人保护的职责和义务，规定采用适合未成年人身心健康特点的技术产品和服务，依法惩处利用网络从事危害未成年人身心健康的行为。

二是明确网络产品和服务提供者建立健全未成年人保护机制和网络合规制度，明确专门负责未成年人保护的人员及岗位职责，依法履行未成年人保护义务。针对当前北京市互联网公司数量众多且发展迅速，对未成年人的影响越来越大，但企业内部未成年人网络保护工作却较为松散，缺乏有效统筹，难以形成保护合力的问题，明确提出要建立健全未成年人保护机制和网络合规制度，明确专门负责未成年人保护的人员及岗位职责，并规定七项具体义务，包括建立投诉举报渠道，采取防沉迷技术措施，个人信息保护，网络欺凌预警预防机制，提供人工智能和算法推荐服务应便于未成年人获取有益信息，建立网络信息生产和传播自查、内部审核制度以及时发现、处置可能影响危害未成年人身心健康的行为或者利用网络对未成年人实施违法犯罪的行为等。

三是针对当前未成年人普遍通过网络课堂的形式接受培训的现象，强调线上直播培训设置合理时段、时长，保证未成年人休息权。该条款的设定，是在当前新形势、新问题下，对未成年人休息权如何得到保障的有力回应。

四是针对调研中发现的未成年人沉迷网络游戏现象，要求网络游戏、网络直播等网络服务提供者应当完善网络社区规则和用户公约，不得违规向未成年人提供打赏服务。针对部分未成年人通过租赁、购买第三方账号的方式逃避防沉迷措施的问题，明确禁止向未成年人提供网络游戏账号租售交易服务。

五是为调动行业积极性、主动性，规定发挥网络行业组织的作用，加强行业自律，制定、实施未成年人网络保护行业规范，指导会员履行未成年人网络保护义务。同时，规定网络产品和服务提供者可以成立未成年人保护联盟，通过建立健全、推广未成年人保护标准和行为准则等方式，履行未成年人保护的社会责任，提高未成年人保护水平。

六、加强对各类困境未成年人特殊保护

修订后的《条例》突出困境未成年人的特殊需求与职责主体责任，在各章中规定了保障措施。

一是突出融合教育的理念，关注特殊儿童教育。规定市、区人民政府及其教育等部门应当鼓励和支持学校、幼儿园开展融合教育，对具有接受普通教育能力、能适应校园生活的义务教育、学前教育阶段的残疾未成年人，在同等条件下，优先、就近安排在适宜的普通学校、幼儿园接受教育；保障不具有接受普通教育能力的残疾未成年人，在特殊教育学校、幼儿园接受学前教育、义务教育和职业教育。同时，规定市、区人民政府及其教育等部门应当保障特殊教育学校、幼儿园的办学、办园条件，鼓励和支持社会力量举办特殊教育学校、幼儿园。

二是关注残疾未成年人康复服务。规定市、区人民政府及其有关部门应当建立健全残疾未成年人康复服务保障机制，开展残疾未成年人抢救性治疗和康复，丰富医疗、教育、社会融入等康复服务内容，满足残疾未成年人康复服务需求。

三是对困境未成年人实施分类保障。规定市、区人民政府及其有关部门采取措施满足困境未成年人生活、教育、安全、医疗康复、住房等方面的基本需要，并规定保障标准根据本市经济社会发展水平和困境未成年人生活需求等情况适时调整。

四是加强对遭受性侵害、虐待、暴力伤害的未成年被害人的特殊保护。规定司法机关依托一站式办案中心，对未成年被害人开展一站式询问、取证、身体检查等工作，并确定一站式综合办案中心可以委托社会工作者、心理咨询师、律师等专业人员，驻场协助开展心理疏导、风险评估、法律咨询帮助等服务，规定未成年被害人、证人一般不出庭作证，对必须出庭未成年人采取保护其隐私的技术手段和心理干预等保护措施。

这些规定有利于减轻办案对未成年被害人身体、心理的不良影响。还结合北京市检察院在涉未成年人案件中支持起诉的经验做法，规定检察院对合法权益受到侵害的未成年人案件进行督促、支持起诉，并明确了具体支持的方式，如提供法律咨询、协助申请法律援助、协助收集证据、协助申请减免案件受理费等帮助。

五是关注涉案未成年人异地协作帮教和救助。针对北京市突出的涉案未成年人大多住所地不在本市的问题，有针对性地回应了如何对其开展家庭教育指导、社会调查、社会观护、教育矫治、安置帮教和救助帮扶等工作。规定司法机关在将相关情况通报其住所地有关机关后，按照最有利于未成年人原则，综合考虑家庭情况、帮教条件等因素进行协调和安排；针对无固定住所的未成年人，依托未成年人救助保护机构、专门学校和社会观护基地等场所开展上述工作。

七、重视未成年人保护工作社会支持体系建设

重视未成年人保护工作社会支持体系建设，培育专业社会力量参与未成年人保护工作。调研发现，政府部门、司法机关、基层单位对社会资源特别是群团组织、社会组织、专业社工等社会力量开展未成年人保护工作的支持政策和具体措施还不明确、不充足，影响了社会支持体系的建立和作用发挥。对此，《条例》在多个方面进行了回应，有利于在北京形成总则提出的"本市在党委领导下，建立政府统筹、司法联动、家庭学校社会协同的未成年人保护体系，发挥各方力量共同做好未成年人保护工作"这一目标。

一是规定共产主义青年团、妇女联合会、工会、残疾人联合会、关心下一代工作委员会、青年联合会、学生联合会、少年先锋队以及其他人民团体、有关社会组织，应当协助各级人民政府及其有关部门、人民检察院、人民法院做好未成年人保护工作，发挥各自优势，开展有益于未成年人健康成长的活动，维护未成年人合法权益。

二是明确共产主义青年团、妇女联合会和未成年人保护组织可以设

立未成年人服务热线，为未成年人提供心理健康、法律维权等服务。《条例》还创新经验，规定鼓励、支持法律服务机构和律师协会为未成年人权益保护提供法律咨询服务。这些规定将进一步满足未成年人获得法律、心理等多专业咨询的需求。

三是明确市、区人民政府及其有关部门通过政府购买服务、孵化扶持、鼓励公益事业单位设置社会工作专业岗位等方式，培育和发展未成年人保护社会组织，加强未成年人社会工作专业队伍建设，支持开展有利于未成年人健康成长的社会活动和服务。

四是规定鼓励、支持和引导人民团体、企业事业单位、社会组织及其他组织和个人，开展有利于未成年人健康成长的社会活动和服务。培育、引导和规范社会组织、社会工作者依法提供家庭教育指导服务，提供心理辅导、康复救助和家庭监护能力评估、收养评估等专业服务，参与涉及未成年人案件中未成年人的心理干预、法律援助、社会调查、社会观护、教育矫治、社区矫正、安置帮教、帮扶、家庭教育指导等工作。同时，还规定了一站式综合办案中心可以委托社会工作者、心理咨询师、律师等专业人员，驻场协助开展未成年被害人的心理疏导、风险评估、法律咨询帮助等服务，学校可以与社会工作服务机构、专业心理健康服务机构、精神卫生医疗机构等合作，为未成年学生提供专业心理健康服务等内容。

（来源：微信公众号"北京人大"2023年5月29日）

北京互联网法院未成年人网络司法保护白皮书（2022.6—2023.5）

（2023年5月25日）

引　言

　　未成年人是国家的未来、民族的希望。以习近平同志为核心的党中央一直高度重视未成年人的健康成长，党的二十大报告将加强家庭家教家风建设、加强和改进未成年人思想道德建设，作为"推进文化自信自强，铸就社会主义文化新辉煌"的重要内容，体现了党对未成年人保护事业一以贯之的高度重视。随着互联网产业的快速发展，未成年人的成长环境出现新的特点。《中国互联网络发展状况统计报告》显示，截至2021年年底，我国网民规模达10.32亿，互联网普及率达73.0%，其中未成年人网民达1.83亿，未成年人互联网普及率达96.8%，较全部网民普及率高出23.8个百分点。广大未成年人身处数字化、网络化、智能化深入发展的时代，被称为新一代"数字原住民"，互联网已经成为当代未成年人不可或缺的生活方式、成长空间、"第六感官"。加强未成年人网络保护，已成为未成年人保护的重要课题。《未成年人保护法》专门设置"网络保护"专章，聚焦未成年人网络素养教育、网络信息管理、网络沉迷防治、个人信息保护、网络欺凌防治等主题，全面加强国家、社会、学校、家庭四方责任，深入保护未成年人权益。

　　北京互联网法院承担推进网络空间治理法治化的职责，始终高度重视做好新时代未成年人司法保护工作的重大意义，强化使命担当，勇于改革创新，认真贯彻落实最高人民法院、北京高院各项要求，挂牌全国首个互联网少年法庭，推出"首互未来"未成年人网络司法保护品牌，切实做好未成年人网络空间权益司法保护工作。

一、近一年涉未成年人案件的审理情况与主要特征

自2022年6月至2023年5月，北京互联网法院共受理涉未成年人民事纠纷143件，全部案件均由少年法庭集中审理。

（一）案件审理情况

从收案趋势看，案件数量逐年增长。2019年受理涉未案件12件，2020年受理涉未案件38件，2021年受理涉未案件50件，2022年受理涉未案件123件，2023年1月至5月受理案件49件。

从纠纷类型看，案由集中度高。在2022年6月至2023年5月受理的143件涉未案件中，网络服务合同纠纷55件，占比38.4%，其中主要为游戏充值、直播打赏类案件；网络侵权责任纠纷38件，占比26.6%，主要为名誉权侵权、肖像权侵权案件；信息网络买卖合同纠纷50件，占比35.0%。

从诉讼地位看，未成年人多为案件原告。143件案件中，未成年人作为原告的案件数量为81件，未成年人为被告的案件数量为51件，5件案件中原告与被告均为未成年人，未成年人及其监护人的维权意识较高。此外，在部分案件中，未成年人并非案件当事人，而是作为案外人涉及其中。

从结案方式看，案件以调解、撤诉为主。2022年6月至2023年5月审结案件中，调解及和解后撤诉的比例达91.4%，涉未案件息诉解纷成效明显；以判决方式结案6件。在判决结案的案件中，有5件案件未成年当事人为原告，1件案件未成年人为案外人。

(二) 案件主要特征

1. 案件类型多样，反映未成年人网络行为活跃

从涉未案件的案由分布来看，案件主要因充值打赏、网络购物、网络言论等引发争议，反映出未成年人用网行为活跃。其中，充值打赏类案件42件，占比29.4%，游戏充值案件27件，直播打赏案件14件，其他充值类案件1件。此类案件中，原告多主张未成年人充值行为不发生效力并要求返还充值款等。网络购物类案件为50件，占比35.0%，此类案件中，未成年人多为买方，主张卖方承担违约、欺诈等责任；同时，也有部分案件未成年人开设网络店铺，因出售商品存在瑕疵等成为案件被告。网络言论失范引发的人格权侵权案件为28件，占比19.6%，含名誉权侵权案件18件，肖像权侵权案件8件，隐私权侵权案件2件，此类案件多发生在社交媒体中，由未成年人的侵权言论或者他人侵害未成年人权益的言论引发。此外，还有部分案件涉及侵害未成年人生命健康权、继承权等其他权利的侵权纠纷。

移动智能设备的普及为未成年人活跃的网络行为提供了基础条件。涉案未成年人均能够轻易接触上网设备，上网主要使用移动智能设备，如手机、iPAD等，案件中，许多未成年人拥有属于其个人的手机。也有案件反映未成年人通过智能手表手机卡注册账号，购买产品。

2. 充值打赏类案件平均标的额最高，反映未成年人网络消费仍集中于休闲娱乐

经统计，涉未成年人案件涉案标的额从1元至186万元不等，最低涉案标的额的纠纷为侵害名誉权纠纷，案中主张1元精神损害赔偿；最高涉案标的额的纠纷为侵害生命健康权纠纷。总体来看，充值打赏类案件的标的额最高，游戏充值案件的平均标的额为25622.6元，直播打赏案件的平均标的额为62877.7元，充值打赏类案件中涉案标的额10万元以上的案件为4件，占比接近该类案件的10%，网络购物类案件的平均标的额相对较低，为207.7元。人格权纠纷中，当事人诉讼请求多为赔礼

道歉及精神性赔偿请求。

3. 涉未人格权侵权现象持续滋长，未成年人易成受害者

近一年，我院受理的人格权侵权案件增加了10件，同比增长111%。其中，12件案件中未成年人为原告，2件案件中未成年人为被告，5件案件中原告与被告均为未成年人。一方面，当未成年人作为被侵权人时，对其人格权的侵害主要以名誉权侵权为主，同时可能涉及肖像权、隐私权、个人信息权益等。另一方面，当未成年人作为侵权人时，案件纠纷有的由线下校园矛盾引发，进而在网络上辱骂诋毁同龄人，情节严重者存在逐渐演化为网络欺凌的不良趋势；有的由网络社交矛盾引发，加之"饭圈文化""网络玩梗"等因素的影响，最终导致了侵权行为的产生。同时，也有案件反映未成年人实施了侵害企业名誉权的行为。从侵权行为的实施平台来看，社交平台，例如微博、微信群、QQ群等，是未成年人网络人格权侵权的主要发生空间。

4. 涉网纠纷低龄化趋势凸显，维权能力有差异

数据显示，涉诉未成年人呈现出显著的低龄化特点。案件中当事人为10岁以下的案件为39件，占比达27.3%，年龄最小的当事人仅6岁，未成年人触网低龄化趋势在司法纠纷中凸显。同时，案件还反映出涉诉未成年人维权能力存在差异：一是城市地区未成年人涉诉率相对较高，农村地区未成年人遭受网络诈骗问题更为突出。受经济发展水平、智能设备普及率、诉讼能力等影响，城镇地区未成年人的涉诉率明显高于农村地区，为127件，占比达88.8%；但案件同时反映，农村地区未成年人更易成为网络诈骗的潜在目标，在涉农村地区未成年人的16件案件中，即有2起由未成年人被网络诈骗引发。二是隔代抚养的未成年人充值打赏纠纷明显增加，维权能力相对较弱。受理案件中，11件涉及未成年人在祖父母、外祖父母抚养期间发生充值打赏行为，占充值打赏类案件的26.2%，同比上升10个百分点。此类群体维权能力相对较弱，在诉讼主体确定、案由选择、举证能力方面弱势明显。

5. 网络服务提供者涉诉频繁，调解意愿较强

涉未案件中，网络服务提供者作为被告的案件为 96 件，占比为 67.1%，纠纷主要集中于娱乐消费、网络购物、网络社交等领域。网络服务提供者在涉未案件中呈现出以下特点：一是服务类型广泛。涉案网络平台包括短视频平台、网络游戏平台、电子商务平台、网络社交平台，案件数分别为 33 件、36 件、55 件、4 件，其中涉案最多的为某电商平台，一名未成年人在平台中开设网店引发了 47 件网络购物纠纷。除了大型网络游戏等平台外，休闲益智类小游戏平台也成为未成年人游戏充值的重要类别，最高充值额达 40 多万元，涉案数达 9 件，"小游戏"引发"大纠纷""多纠纷"。同时，新型社交平台也影响着未成年人，如我院已受理连麦交友等新型软件引发的充值打赏纠纷。二是网络服务提供者大多具备未成年人保护意识和相应工作机制。案件审理发现，网络服务提供者普遍抗辩其设置了有效的未成年人模式或明确的涉未投诉处理渠道，其中 24.0% 的网络服务提供者提交了相关证据。三是网络服务提供者调解意愿强。在涉未案件中，平台当事人均积极与未成年当事人一方调解协商，其涉诉纠纷的调解率达 74.0%，减轻了未成年当事人一方的诉讼成本与举证负担。

6. 诉讼相关主体日益复杂，未成年人维权难度增加

随着产业的不断发展，网络服务类型不断丰富，网络服务相关的主体日益多样，诉讼的相关主体及法律关系变得更为复杂，未成年人的维权难度有所增加。除了未成年人和网络服务提供者，案件中的相关的主体还包括提供网络直播内容服务的主播、为网络服务提供者提供技术支持或者其他支持的第三方、为相关应用提供上架和下载服务的应用市场运营者等，这使得未成年人在要求返还充值打赏款项时，可能需要向不同的主体提出请求，退款流程变得复杂。此外，在个别案件中，未成年人的充值款项被其兑换礼物赠送给了其他普通网络用户，进一步增加了未成年人要求返还充值款项的难度。

二、案件反映出的未成年人网络权益保护相关问题

案件审理过程中，我院发现，相关主体在未成年人网络素养、网络空间权益保护方面还存在以下问题。

（一）未成年人科学、文明、安全、合理使用网络的意识和能力不足，网络素养有待提升

互联网的开放、互动、平等，为未成年人提供了个性、自由的表达和行为空间，但是案件反映，未成年人的用网行为还存在以下问题亟须引导规范。

一是未成年人的网络娱乐消费亟须加强引导。在网络游戏、直播领域，未成年人易出现沉迷。案件中，未成年人使用游戏或直播服务时间从半年到两年不等，甚至存在个别未成年人在父母阻止其充值打赏并成功获得平台退款后，再次瞒着父母进行充值打赏的情形。案件还反映，未成年人之间的不良用网行为容易相互影响。例如，部分案件中的未成年人是在其他未成年人的引导下，学会下载游戏、注册账号以及规避平台限制措施。此外，未成年人的冲动性消费还体现在其他领域。除了常见的购买游戏装备、直播打赏、网络购物外，未成年人还热衷盲盒抽取、礼物抽奖、射幸小游戏领域，例如，有的未成年人为了抽取盲盒消费上万元；有的未成年人1天消费2万多元抽获价值1万多元的礼物打赏主播；有的未成年人沉迷射幸类小游戏1个月充值60余万元。

二是涉诉未成年人逃避家庭监管及防沉迷措施现象较为突出。我院审理的案件中，绝大多数未成年人存在逃避家庭监管、规避平台认证措施的情形。例如，有的未成年人盗取监护人身份证件进行注册，记录或修改监护人支付密码，删除支付短信，导致家长短期内难以发现其充值行为。未成年人之间甚至互相帮助逃避家庭监管，有的案件反映出，未成年人向其他未成年人提供其父母的身份信息等帮助他人规避未成年人模式。

三是未成年人易受不良信息影响。有的未成年人使用网络浏览含有色情、血腥、暴力的不良内容，有的未成年人受到网络骂战、"网络水军"的影响，学习模仿不良网络行为，将校园矛盾、意见分歧等转化为网络欺凌，网络成为未成年人侵害他人权益的手段。受网络虚假信息等影响，有的未成年人利用网络二手交易平台发布虚假售卖购物卡信息、骗取他人财物。

四是未成年人利用网络销售商品易引发纠纷。近一年，未成年人在网络上销售产品引发的纠纷明显增多。例如，有的未成年人开网店售卖"饭圈"周边产品引发群体性纠纷，还有的未成年人在二手平台互换商品引发争议。未成年人社会经验不足，个人财产有限，在网络交易中易出现不规范行为，发生诉讼后亦处于诉讼能力的弱势方。

（二）未成年人监护人自身网络素养不足，对未成年人使用网络行为的引导和监督不到位

一是监护人自身缺乏必要的网络素养和法律素养。部分案件反映，监护人自身用网能力不足，或自身亦存在一定的网络娱乐过度的情况，缺乏对未成年人用网行为的正面引导能力。例如，大部分案件中，监护人不知晓或不使用青少年模式，部分案件的监护人在诉讼阶段仍然不了解未成年人使用的软件功能，或者不清楚未成年人通过何种方式完成了充值，无法进行有效举证。此外，案件反映出，发生感情、家事等纠纷的部分成年当事人缺乏法律意识，把未成年人也作为攻击对象，造成未成年人名誉、肖像或隐私等权利损害。

二是监护人未能合理管理智能设备、账号密码等，财产安全意识不足。案件反映出，有的监护人自身安全意识不强，使得孩子可以轻易获取手机、身份证号、银行卡号、支付密码等重要设备和信息，进而绕过平台限制措施。例如在甲某与某直播平台网络服务合同纠纷案中，孩子熟知母亲的支付密码和登录密码等、轻易获得母亲的身份证件为账号进行实名注册，还让母亲帮助其刷脸进行人脸识别验证。

三是监护人对孩子用网行为关注和管理不够，缺乏有效的教育引导。大部分案件中，监护人均存在工作忙碌、陪伴不足的情况，对未成年人的用网行为关注不足。如在某未成年人打赏主播案件中，孩子长期和姨父姨母生活，父母和实际抚养人均不了解孩子用网情况，缺乏引导。

（三）网络服务提供者的未成年人保护机制仍需完善

一是部分网络服务提供者的未成年人身份识别和保护机制仍待加强。案件反映出，有的网络服务提供者的实名认证功能无法实现对未成年人有效识别。如甲某与某游戏平台网络服务合同纠纷中，用户仅输入身份证号就可以完成成年人身份认证，缺乏身份证图片、人脸识别等其他身份认证手段，案件中未成年人只需要获取成年人的身份证号就可以轻松绕过防沉迷措施。有的网络服务提供者在可以识别未成年人身份的情况下未采取有效保护措施。如甲某诉某游戏公司网络服务合同纠纷案中，游戏公司已经要求用户上传身份证，但在未成年人甲某上传身份证后未采取任何限制消费措施，甲某得以一个月充值60余万元；如乙某与某电子商务平台网络购物纠纷案中，被告认可收集了用户的个人信息用于个性化推送，但在乙某填写年龄信息为未成年人的情况下，被告并未采取合理有效的未成年人消费提示、限制等措施；如未成年人丙某开设网店案件引发的网络购物纠纷中，未满18周岁的未成年人未经审核、提示即可轻易开设网络店铺，违约后引发群体性纠纷。

二是未成年人保护模式作用发挥仍然有限。案件审理过程中我们发现，虽然有的网络产品有未成年人或青少年模式，但内容吸引力不强，未成年人使用率不高；有的网络产品的未成年人保护机制流于形式，无法实现对未成年人用户的有效消费提示或限制。如在甲某诉某社交平台充值打赏纠纷案中，某社交软件提供了未成年人保护模式，但实际上开启后无法使用，没有发挥未成年人保护模式的应有作用。

三是部分平台对平台内用户的监督管理不足。例如，部分直播平台对于平台主播管理不足，存在主播诱导未成年人充值消费的情形，例如主播通过微信让未成年人给其打赏礼物、转账购买游戏道具等；部分电子商务平台对于平台内出售特殊商品的网络店铺监督管理不足，对禁止向未成年人提供游戏代充值服务的提示不规范、不充分。

四是涉未成年人纠纷的投诉处理机制仍需完善。涉诉未成年人监护人反映，纠纷发生后，部分涉诉网络平台并未设置专门的未成年人投诉处理渠道，对于投诉处理存在不及时、不充分等情形，未能体现未成年人特殊、优先保护原则。

（四）全社会保护未成年人的意识仍待加强

一是部分网络用户有意或无意作出侵害未成年人合法权益的行为。例如，有的当事人恶意剪辑含有未成年人肖像的视频并配上文字后在网络发布，不对未成年人肖像进行打码等技术处理，随意公开未成年人肖像；有的当事人在业主群中随意发布含有未成年人肖像的监控录像；有的当事人因足球比赛引发争议，发布包含未成年人的肖像的视频并配以"人品不好"等贬损性语言。

二是基于商业营销、吸引眼球等目的，部分自媒体、营销号存在过度消费未成年人、侵害未成年人权益的行为。在我院审理的涉未成年肖像侵权案件中，不少"营销号"通过发布含有明星子女肖像照片、视频的文章蹭热度，对明星子女行为习惯进行分析并推荐相关儿童类培训、讲座、书籍。又如，在一起由于医疗就诊引发的侵权案件中，医院未经未成年人同意即对其就诊过程进行录像，并发布至抖音平台，披露了原告的肖像及就诊信息，同时还配以具有贬损倾向的文字。

三是网络上针对未成年人的诈骗方式层出不穷。审理案件中发现，部分犯罪嫌疑人在QQ群发布虚假恐吓信息，诱导未成年人为其支付购物平台充值订单，进而非法获取未成年人或其家长财产。

三、存在上述问题的原因分析

从个人角度来看，未成年人处在身心快速发展、自我意识塑造和道德养成的关键时期,自我认知能力、自我调节能力尚不足,思想还不够成熟,价值观尚未完全形成,易受到网络上各类信息的影响。加之法律意识薄弱,认为在网络上容易逃避监管和法律责任,进而在网络上实施违法行为。

从家庭方面来看,父母或其他监护人因意识不足、能力不足、忙于工作等原因,缺乏未成年人的有效陪伴和沟通交流,对未成年人思想状况的变化不能及时体察掌握,对未成年人用网缺乏正向引导,引发网络沉迷、网络侵权等问题。

从其他主体及社会角度看,一是部分网络服务提供者的未成年人保护意识和机制仍不到位。虽然近年来相关部门对网络游戏、网络直播等领域的未成年人保护出台了相关规范性文件,开展多次专项行动,但纠纷中反映,一些新型社交平台、信息内容平台等,成为引发侵权的新温床。二是学校的网络素养教育仍需加强。未成年人的主要社交生活来自校园生活中与同龄人的交往,同龄人之间的用网行为容易相互影响。但是部分学校仍缺乏系统性的有关网络安全、网络素养教育。三是相关行政部门在监督网络产品和服务提供者履行义务、做好网络信息内容分类方面仍有待提升,在落实未成年人网络保护工作中存在制度不完善、职能划分不够清晰等问题。四是全社会的未成年人保护意识,特别是在网络空间保护未成年人合法权益的意识仍需加强。

四、北京互联网法院涉未成年人网络纠纷的裁判思路

我院通过审理涉未成年人网络消费、网络娱乐、网络言论等案件,积极树立裁判规则。

(一)强化内容治理,明确向未成年人提供的商品服务不得影响其身心健康

《未成年人保护法》规定,任何组织或个人出版、发布、传播包含可能影响未成年人身心健康的网络信息的,应当以显著方式作出提示。但

是，实践中，对于如何确定"可能影响未成年人身心健康的信息"存在争议，尤其是网络用户的广泛性、前台的虚拟性，对于确定网络内容的违法性提出挑战。北京互联网法院通过审理"软色情漫画充值案"，认定容易吸引未成年人的漫画作品，存在影响未成年人身心健康的内容未作显著合理提示的，因合同内容违背公序良俗无效。该案对于司法实践中如何确定"可能影响未成年人身心健康"的信息及法律后果有着重要指引作用。

（二）规范网络消费行为，明确网络消费中的过错和责任承担

在涉未成年人网络服务合同纠纷中，充值打赏案件占比较高。相关游戏、直播平台等网络服务提供者，应严格履行监管和审核义务，充分落实未成年人身份识别机制、未成年人消费限制等责任，不应将企业营利凌驾于未成年人权益之上。同时，未成年人监护人亦应履行监护职责。在"射幸游戏未成年人大额充值案"中，我院认定在未成年人已进行实名认证的情况下，网络平台以技术限制为理由放任未成年人进行充值打赏，存在重大过错，应退还大部分充值款项；未成年人及监护人存在过错的，应承担相应责任。在"未成年人开网店纠纷案"中，某电商平台对未成年人开设网店未经充分审核、提示，未成年人从事了与其经济状况不相适应的行为，最终发生违约情形，损害了他人合法权益。我院妥善处理调解纠纷后，就督促平台完善平台内未成年人开设店铺的审核提示机制、店铺运营状态监管等管理漏洞向平台发送了司法建议。该平台回函表示将加强对已满16周岁的未成年人作为平台经营者的审核和监管，完善日常监管工作，同时改进发货提示、确认等功能。

（三）强化未成年人人格权保护，明确宣传推广、个人纠纷中侵害未成年人人格权益需担责

在互联网时代，信息传播的速度快、范围广，致使侵权行为发生后，侵权后果更加严重。网络传播环境中，更应重视对未成年人人格权益的

保护。我院审理"医院医疗宣传短视频侵犯未成年人人格权案",明确对医疗知识的传播宣传不应侵害未成年人的合法权益,特别注意不应对未成年人贴上"坏习惯""毛病"等标签,以免造成对未成年人社会评价降低,给未成年人身心造成不可弥补的创伤,最终认定医院和配合拍摄的医生构成共同侵权。审理"成年人感情纠纷侵犯未成年人人格权案",认定恶意攻击对方未成年子女的行为构成名誉权侵权,明确保护未成年人人格权益的重要意义,避免成年人世界的纠纷波及影响未成年人的身心健康。

(四)支持平台有效治理,明确网络服务提供者可以对侵害未成年人权益的行为采取合理措施

《未成年人保护法》对网络服务提供者预防和制止侵害未成年人合法权益的行为进行了明确规定。近年来,涉未成年人色情低俗的内容、涉过度消费未成年人的内容,不仅侵害未成年人合法权益,也影响了网络内容生态,甚至可能引发更为严重的犯罪行为。我院审理"短视频平台封禁恋童账号案",认定网络平台对通过技术、人工手段识别出发布涉未成年人低俗内容、可能侵害未成年人合法权益的账号采取合理有效措施合法合约,坚定支持网络平台落实未成年人保护职责。此外,对于实践中出现的成年人冒充未成年人主张充值退款的情况,我院审理"冒充未成年人退款账号被冻结案",支持网络服务提供者为避免未成年人持续充值采取的合理措施,对网络空间中的不诚信行为予以否定。

五、北京互联网法院强化未成年人网络司法保护的相关举措

北京互联网法院始终高度重视未成年人保护工作,于2021年5月挂牌全国首个互联网少年法庭,集中审理涉未成年人网络案件,未成年人网络司法保护工作进入新阶段。

(一)强化制度机制保障,打造"首互未来"未保品牌

加强未成年人审判工作专业化建设,出台《关于加强未成年人网络

司法保护工作的意见》《法治副校长工作办法（试行）》等制度文件，统筹抓好涉未成年人审判工作。加强专业队伍建设，夯实未成年人审判工作基础，现有未成年人审判专业化团队5个，配备了业务能力强、熟悉未成年人身心特点的法官以及其他审判辅助人员。搭建"首互未来"工作站，把未成年人保护工作放在首要位置、坚持首善标准、突出首都特色，运用互联网思维、多方互助支持，"以法治之光守护成长之路"。工作站内设宣传教育平台、理论研究平台、协同发展平台，为未成年人网络空间权益司法保护提供全面法律支持、前沿研究成果、专业家庭教育指导等，成为法院系统未成年人网络保护新阵地，"首互未来"工作机制入选2022年度中国网络治理十大创新案例。

（二）贯彻未成年人特殊优先保护原则，建立未成年人案件审判"四大机制"

坚持最有利于未成年人的原则，建立涉未案件审判"四大机制"，即"案件提示、优先送达、全程调解、延伸保护"机制。在立案端，全部涉未成年人案件均进行标记提示。进入诉讼程序未成年人案件送达最短时间1天，被告有效应诉平均用时27天。强化未成年人案件全过程调解，建立"诉前专人调解+诉中委托专业机构调解+诉后参与家庭教育指导"机制，引入中国互联网协会调解委员会专业调解员加入我院调解组织，专门负责调解涉未案件，调解总标的额超100万元。近一年，我院妥善化解涉未成年人充值打赏案件总标的额超过300万元。许多未成年人及家长表示，感受到司法的人文关怀，多名法官收到未成年人手写感谢信及锦旗。我院注重通过司法裁判树立未成年人特殊、优先保护规则，"女童绑树视频"人格权案、"软色情漫画"服务合同案分获北京法院2022年优秀未成年人案件裁判文书、人民法院大力弘扬社会主义核心价值观典型案例等。

（三）注重延伸保护，积极提升未成年人及家长网络素养

发挥全国法院首个线上家庭教育指导平台"首互未来"的作用，平

台已经集合有关"健康上网、网络法治、家庭教育"三个主题的40多节专业视频课程,广泛用于家庭教育指导和法治宣传。自挂牌以来,少年法庭开展家庭教育指导7次,发出家庭教育指导令65份。建立覆盖全院各部门的法治副校长人才库,制作统一课件,依托法治副校长、普法驿站、巡回讲堂等工作机制,法官团队走进校园、社区开展网络素养教育,覆盖千余名青少年及家庭成员。

(四)发挥司法建议作用,促进平台加强未成年人保护机制建设

近一年,围绕未成年人充值打赏、网络文化内容、信息网络买卖等方面,我院向知名网络平台发出三份司法建议,积极通过司法建议促进平台加强未成年人保护。针对未成年人通过网络购物平台购买代充值服务的情况,向该电子商务平台发出司法建议并收到回函,平台回函表示会加强充值服务类未成年人提示机制等。针对网络漫画平台提供不适宜未成年人阅读漫画而未作充分提示的情况,向该网络漫画平台发出司法建议,平台回函承诺加强未成年人身份识别机制,下架可能影响未成年人身心健康的内容。向某网络购物平台发送司法建议,推进平台完善未成年人开设网络店铺的审核和提示机制,虚拟发货的提示、确认机制,平台积极予以整改。

(五)强化教育宣传,凝聚全社会保护未成年人共识

充分发挥北京市首批法治宣传教育示范基地的作用,开展公开日活动,邀请200余人次中小学生走进法院,感受互联网司法前沿,接受网络素养及法治教育。自主创作"首互未来"微课堂、微剧场、微漫画,观看总量超过220万次。与团中央、最高人民法院、《人民法院报》等开展网上公开日、普法直播等活动,累计受众超百万人次。成立"首互未来"志愿队,一方面,从全院范围内招募志愿者,与中国盲文图书馆合作,为视障儿童送去有声普法读物;另一方面,从学校、当事人中招募

志愿者担任"法治小种子"。近期,一名游戏充值案件的未成年人当事人通过参观互联网法院的方式接受家庭教育指导后,主动担任我院"首互未来小种子"志愿者,参与到帮助其他未成年人预防网络沉迷的宣传教育活动中。

六、对加强未成年人网络保护的工作建议

(一)家长正确履行监护职责,当好孩子教育的第一责任人

家长是孩子的第一任老师,家庭是孩子的第一所学校。作为互联网原住民,新生代未成年人网络素养的形成离不开家长的引导和家庭氛围的熏陶。针对广大家长,我们提出以下建议:一是提高自身用网能力,克服自身的不当用网习惯,主动使用上网保护软件、智能终端产品、青少年使用模式等;二是提升亲子陪伴质量,合理安排青少年业余活动及孩子的用网时间,预防未成年人沉迷网络;三是妥善保管各类网络平台、支付手段的账号密码;四是引导未成年人树立正确的世界观、人生观、价值观,避免线下矛盾的线上化,妥善化解生活中的摩擦、矛盾。

(二)相关市场主体严格落实法律要求,持续优化适应未成年的网络服务和产品

产品开发制造方面,智能终端产品制造者和销售者应当积极研究、生产适应未成年人身心健康发展规律和特点的上网保护软件。用户管理方面,网络服务提供者应当在符合法律规定的情形下,通过合理制度和技术手段,强化对未成年人用户的识别、引导和管理,做好预防未成年网络沉迷工作。电商平台应当加强身份识别机制,特别是加强对平台内经营者的民事行为能力核实,规范未成年人的经营行为,对向未成年人提供游戏账号、代充值服务的行为加强监督管理和处罚力度。内容治理方面,网络服务提供者应当持续提升违法违规内容模型识别能力,提高人工审核专业性和有效性,特别加强针对可能影响未成年人身心健康内

容审核体系的建设，优化侵害未成年人合法权益的内容阻断机制；丰富内容建设，搭建适合未成年人的、多样化的内容体系，鼓励和引导未成年人用户消费有信息价值、探索价值的内容。纠纷处理机制方面，完善专门针对未成年人网络纠纷的投诉、申诉等处理机制，推进涉未成年人纠纷的高效解决。

（三）学校强化对学生的网络安全意识培养和网络素养教育

学校应充分适应数字时代、人工智能时代的发展，积极开展符合时代特点和未成年人认知特点的网络素养教育，围绕网络道德意识和行为准则、网络法治观念和行为规范、网络使用能力建设、人身财产安全保护等，培育未成年人网络安全意识、文明素养、行为习惯和防护技能；通过科学素养教育、数字技能教育等，引导未成年人不断提升用网学习的能力。对发现有网络沉迷、过度消费、利用网络攻击他人等行为，要及时协同家长进行教育和指导，帮助学生养成良好上网习惯，培养学生网络安全意识，增强学生对网络信息的获取和分析判断能力。

（四）相关部门强化履职，严格执法，凝聚未成年网络保护合力

相关部门应当指导、支持学校开展未成年人网络素养教育，并针对素养教育建立具体测评指标，支持学校配备具备相应专业能力的教师，为学生提供专业的网络素养教育。对提供未成年使用的智能终端产品制定行政标准或指导制定行业标准，明确相关技术和产品的标准和要求。对严重违反法律、行政法规侵害未成年人合法权益的，完善专门的行政执法制度。进一步推动完善细化家庭教育指导制度，优化家庭教育指导资源，压实相关主体责任。

（五）全社会弘扬良好风尚，营造良好网络空间

未成年人是国家的未来、民族的希望。强大的好奇心指引着他们探

索互联网,于他们而言,既是机遇也是挑战。全社会都应当树立关心、爱护未成年人的良好风尚,共同呵护未成年人的健康成长,培土护苗、聚木成林。全社会都应坚持最有利于未成年人原则以及未成年人特殊、优先保护原则,为广大未成年人营造一个风清气正的网络空间。

附件1:北京互联网法院涉未成年人典型案例

案例一

甲某、乙某1、乙某2诉丙某网络侵权责任纠纷案
——成年人因感情纠纷对未成年人实施网络暴力应承担法律责任

【基本案情】

甲某与被告丙某之间存在感情纠纷,丙某为了发泄情绪,使用其微博账号发布一系列微博,攻击甲某及甲某的未成年女儿乙某1、乙某2,其中一则公开了乙某1的肖像照;除此之外,丙某还发了数十条短信对甲某及乙某1、乙某2进行辱骂。丙某发送的攻击和辱骂内容包括了针对乙某1外貌的侮辱性评价和"乙某2系非婚生子女""乙某2没有资格就读某某学校""乙某2向某教授行贿"等。甲某认为被告丙某在微博上对乙某1、乙某2进行恶意侮辱诽谤,导致其社会评价明显降低,给女儿的生活学习带来了巨大困扰,造成了无法挽回的精神伤害,严重侵害了乙某1、乙某2以及甲某本人的名誉权,因此要求丙某赔礼道歉并赔偿精神损失。

【法院裁判】

法院经审理认为,本案中,被告丙某的涉案博文直接提及乙某1、乙某2的姓名,具有特定指向性。丙某公开了乙某1的肖像照片并使用了带

有侮辱性质的词语，既构成了对于乙某1肖像权的侵害，也贬损了乙某1的人格尊严，构成对乙某1名誉权的侵害。同时，文中还存在围绕乙某2就学情况的负面言论，根据在案证据该言论并无事实基础，系脱离事实基础进行的造谣诽谤。由于该言论足以导致原告乙某2的社会评价降低，因此也构成了对于原告乙某2名誉权的侵害。法院判决被告丙某应向乙某1和乙某2赔礼道歉并赔偿精神损失。

一审判决作出后，双方当事人均未提起上诉，判决已发生法律效力。

【典型意义】

在涉未成年人的名誉权纠纷中，一方面，未成年人的生理和心理处于发育阶段，尚不成熟，容易受到外界评价的影响；另一方面，未成年人的社会交往人群大多也是未成年人，他们对信息的辨识、筛选能力较低，容易受到误导，依据片面信息对他人产生负面评价。较之成年人，容貌特征极易在未成年人社交环境中产生负面影响，甚至可能引发校园欺凌、网络暴力等，不容忽视。本案即是在人格权纠纷中充分体现未成年人"特殊、优先"保护原则的案件。保护未成年人身心健康，保障未成年人合法权益是全社会共同责任，我们倡导社会公众树立关心、爱护未成年人的良好社会风尚，努力为孩子们营造安全温馨的成长环境。

案例二

甲某诉乙某、某医院及某科技公司网络侵权责任纠纷案
——医疗机构及人员未经同意在短视频平台公开发布未成年人就医视频构成侵权

【基本案情】

原告甲某由亲属陪护到某医院儿科门诊就诊，由主任医师乙某看诊。

某医院未经甲某及监护人同意，将甲某看诊过程拍摄并剪辑制作成视频公开发布在以乙某作为实名注册主体的短视频平台账号中。原告的监护人认为，涉案短视频标注的主题为"孩子什么时候能好，这问题我得反问家长"，视频内容透露了原告的病情，主要内容经剪辑展现了原告就诊时的"毛病"及"坏习惯"，点赞量及评论量很高，同时结合视频的负面评论，认为某医院、乙某侵犯了原告的隐私权、肖像权、名誉权，要求乙某及某医院赔礼道歉、赔偿精神损失及维权合理支出，某科技公司作为短视频平台运营主体因未尽平台责任，承担连带责任。

【法院裁判】

法院经审理认为，涉案视频由某医院拍摄并剪辑制作，视频内容系乙某在诊室内对原告的看诊过程，乙某配合完成相关拍摄，而涉案视频发布在乙某实名注册并以乙某名字作为昵称、肖像作为头像的短视频账号中，客观上公众观看涉案账号发布的视频亦能为乙某带来一定的流量、关注等利益，同时结合该视频账号以往的运营情况，认定某医院与乙某采取分工合作的方式共同实施了涉案侵权行为。乙某和某医院未经原告许可，拍摄并在网络短视频平台公开发布涉案视频的行为，公开了原告的肖像，构成对甲某肖像权的侵害。同时，涉案视频内容经剪辑具有一定倾向性，表明原告存在包括行为习惯等方面的病症，一定程度上会造成公众对原告的负面评价，构成对原告名誉权的侵害。一般而言，多数患者不愿意将自己的就诊过程和病症情况对外公开，就医内容具有一定的私密性，应属于个人隐私，而乙某和某医院将原告就诊信息以视频形式在网络公开，构成对原告隐私权的侵害。法院判决被告乙某及某医院共同承担赔礼道歉、赔偿精神损失及维权合理支出等责任。某科技公司在运营短视频平台过程中已尽到了网络服务提供者的义务，不承担责任。

一审判决作出后，各方当事人均未提起上诉，判决已发生法律效力。

【典型意义】

随着短视频行业的发展，部分医疗机构或从业人员通过制作看诊短视频或者发布医疗常识类视频等，既能传播医疗知识，也有利于机构和从业人员提升知名度。但知识传播过程要特别注重不得侵害他人合法权益，特别是未成年人的合法权益。医院和医生在创新诊疗模式的同时，更应主动承担起保护未成年人健康成长的社会责任，严格履行为病患保密的职业要求，严守法律底线，避免因行为不当给未成年人的身体和心灵造成不可弥补的创伤。本案充分体现了法院对未成年人人格权的保护，对促进各类主体在网络传播活动中充分保护未成年人合法权益有着重要指引作用。

案例三

甲某1、甲某2、乙某诉丙某、丁某网络侵权责任纠纷案
—— 邻里纠纷不应影响儿童的健康成长

【基本案情】

乙某带着未成年子女甲某1在小区内活动时，与隔壁小区居民因物业管理发生口角，争执过程被被告丁某拍摄记录。视频中，乙某的体貌特征清晰，未成年人甲某1未佩戴口罩，面部清晰。丁某未经原告许可，向他人发布上述视频。被告丙某因个人存在类似物业纠纷，在微信群中看到了剪辑、加工后的上述视频后（包含对甲某1父亲甲某2的负面文字评价），未核实即将视频转载到多个网络平台。甲某1、甲某2、乙某认为丁某和丙某的行为构成对甲某1、乙某肖像权、名誉权的侵害，构成对甲某2名誉权的侵害，因此要求丁某和丙某向三原告赔礼道歉、赔偿精神损失和经济损失等。

【法院裁判】

法院经审理认为，涉案视频由丁某拍摄并向他人传播，视频内容系

乙某与邻居在小区中的争执。但视频并未完整地反映客观事实，主要是针对乙某的贬损。同时，该视频中，乙某儿子甲某1的面部没有遮挡，完整地暴露在争议视频中；乙某的体貌特征清晰，因此，丁某的行为构成对甲某1、乙某肖像权的侵害；该视频内容还导致了乙某社会评价的降低，构成了对乙某名誉权的侵害。丙某在网络平台上发布了另外添加对甲某2负面评价的加工后视频，除侵害甲某1的肖像权，乙某的肖像权、名誉权外，还侵害了甲某2的名誉权。法院判决丁某向乙某和甲某1公开赔礼道歉、赔偿损失；丙某向三原告赔礼道歉、赔偿损失等。

一审判决作出后，各方当事人均未提起上诉，判决已发生法律效力。

【典型意义】

近年来，邻里纠纷从线下发展到网络，引发网络侵权甚至网络暴力的案件日益增多，不少案件中还涉及对未成年人肖像、个人信息等的不当公开，本案就是这样一起典型案例。本案明确，处理纠纷应采取合理方式，特别是不得未经同意在互联网上传播未成年人肖像。未成年人尚处身心发育过程中，一方面，成年人在生活中处理争议时要尽可能避免对未成年人的不利影响，另一方面，更要特别注意网络传播环境可能对未成年人造成的扩大性、持续性伤害。我们提倡邻里之间文明友好相处，提倡社会公众提升网络空间中保护未成年人的意识，共同守护未成年人身心健康。

案例四

甲某诉某科技公司网络服务合同纠纷案
——平台有权对侵害未成年人权益行为采取
账号封禁、终止服务等管理措施

【基本案情】

原告甲某注册使用被告运营的某短视频平台，使用期间，账号被被告以"涉嫌违反社区公约，涉及过度关注或浏览未成年人相关内容的行为"为由永久封禁。甲某认为，自己只是喜欢观看舞蹈视频，并未过度浏览涉及未成年人的相关内容，使用涉案账号浏览并点赞相关视频属于正常行为，而且视频全部来自系统推荐，被告作为平台经营者，封禁涉案账号及对应的手机设备登录权限不合理。甲某认为，被告无故封禁涉案账号及对应的手机设备的行为构成违约，诉至法院，要求解除对原告账户的措施。

【法院裁判】

法院经审理认为，被告平台服务协议、自律公约及平台的安全中心中明确规定，"禁止任何损害未成年人身心健康和合法权益的行为和内容，包括涉及未成年人色情低俗的内容、涉及过度消费未成年人的内容、禁止传播不良价值观的行为，传播软色情、低俗或含有性暗示、性挑逗等易使人产生性联想的内容，展示庸俗、媚俗、低级趣味、粗俗文化等"；"过度关注和浏览未成年人相关内容"包括"活跃在未成年人视频的评论区，频繁发布低俗色情言论，表达对孩子的喜欢但是言语挑逗"等行为。本案中，原告注册会员时，与被告签订了服务协议，平台其他功能的相关协议作为该协议的补充内容，与该协议具有同等法律效力。庭审查明，原告甲某曾在多个涉及未成年人的视频下方发布大量含有言语挑逗、低级趣味等内容的评论以及部分含有色情意味的表情。被告经过技术识别发现原告涉案账号为涉及"护童专项"的风险用户，经过"护童专项"队列人工审核后，判定原告涉案账号存在过度关注或浏览未成年人相关内容的行为，违反社区自律公约，并无不当。

此外，原告、被告双方签订的服务协议中约定针对违反协议或其他服务条款的行为，平台有权独立判断并视情况采取限制账号部分或者全部功能直至终止提供服务、永久关闭账号等措施。本案中，涉案账号曾经三次因"存在过度关注或浏览未成年人相关内容的行为"违反社区规定被平台处罚，被告多次对其进行相应的处罚，但是原告在涉案账号解封后仍然继续在涉未成年人视频下方发布大量包含低级趣味、粗俗文化的评论，违约情形较为严重，被告对涉案账号采取终止提供服务、永久关闭账号的封禁措施未超出必要限度。同时，被告采取上述措施的目的是防止原告更换账号后继续实施违规行为，更好地保护未成年人的合法权益和身心健康，净化网络空间环境。综上所述，被告对涉案账号采取封禁措施合法合约。法院判决驳回原告的诉讼请求。

一审判决作出后，双方当事人均未提起上诉，判决已发生法律效力。

【典型意义】

保护未成年人网络空间合法权益是全社会共同的责任。本案判决体现出人民法院对网络平台依法落实未成年人保护法律政策要求、加强平台管理的支持。社会各方应共同治理网络空间危害未成年人身心健康的行为，营造更适合未成年人健康成长的清朗网络空间。

随着数字化、网络化、智能化深入发展，网络空间中侵害未成年人权益的案件不断增多，本案充分体现了司法裁判中需要牢固树立新时代少年司法理念，大力弘扬社会主义核心价值观，坚持最有利于未成年人原则，将特殊、优先保护的理念落实到每一个案件办理中，维护未成年人合法权益。

案例五

甲某诉某网络公司网络服务合同纠纷案
——网络服务提供者对冒充未成年人申请充值退款的账户采取合理措施造成损害的不承担责任

【基本案情】

原告甲某在被告公司运营的网络平台内连续消费了17笔共支出16490元用于购买虚拟币，并使用虚拟币购买了虚拟礼物和道具。随后，甲某为这笔大额支出心生懊悔，通过平台的未成年人误充值退款渠道申请退款。被告要求提交申请人系未成年人的有效身份证明作为举证材料，但因甲某自身系成年人，故向平台提交了其未成年妹妹及母亲（作为监护人）的身份证明文件。被告收到材料后，根据未成年人误充值退款规则对原告账号的支付功能进行了为期七天的冻结。但根据平台的活动规则，甲某充值当日使用虚拟币购买的礼物道具七天内有效，因甲某的账号被冻结，道具无法使用最终过期。甲某发现无法使用道具时，告知被告自己是成年人，此前因操作有误点击了未成年人退款，要求被告解除冻结措施，被告要求甲某进一步提供材料，但未得到甲某有效回应。此后，甲某将被告诉至法院，要求被告就冻结行为赔偿损失。

【法院裁判】

法院经审理认为，本案中，原告充值虚拟币购买礼物道具，再以未成年人身份申请误充值退款的过程中，平台将有关提示放置于规则开头，并要求用户勾选"本人已知晓相关内容"，理应认为被告已经尽到充分的提示义务，用户对前述规则内容已知悉。系统冻结原告账号的支付功能再于七天后解封、礼物道具购买后七天内有效等，均有相关平台规则可查。此外，未成年人误充值退款是针对未成年人误充值所开设的特别路径，冻结支付功能的目的是防止未成年人在平台审核期内再次误充值、打赏，因此该行为具有合理性与必要性。原告作为完全民事行为能力人，在明知或应知平台规则的情况下，出于真实的意思表示购买网络虚拟道具并申请未成年人误充值退款，原告理应受到平台规则约束，并承担自己所实施行为的法律后果。法院判决驳回原告的诉讼请求。

一审判决作出后，双方当事人均未提起上诉，判决已发生法律效力。

【典型意义】

生活中，未成年人使用监护人或成年亲属账号实施大额充值消费等明显与其民事行为能力不符的行为并不少见。本案中，网络服务提供者设置未成年人误充值退款渠道、冻结申请期间账户支付功能的举措，为这类特殊情形提供了必要的救济途径，对避免用户损失扩大具有必要性及合理性。

本案对于试图钻规则空子、违反诚信原则而冒充未成年人申请退费的行为予以否定，维护了平台经营秩序，支持了平台依法采取合理的未成年人保护措施，彰显了社会活动中的诚信价值。

案例六

甲某诉某公司网络服务合同纠纷案
——未成年人已进行实名认证，网络平台放任
其进行充值打赏的，应认定存在重大过错

【基本案情】

原告甲某17岁，在2020年2月至3月疫情期间，甲某通过支付宝账号向被告某科技有限公司运营的某游戏软件进行大额充值，金额合计61万余元。原告认为，其充值的账号已经通过绑定身份证的方式进行实名

认证，被告未及时采取限制措施，使得原告在一个月的时间内大额充值，与其年龄、智力明显不相符，也未经其法定代理人的同意和追认，应属无效民事法律行为。原告遂诉至法院，要求被告向原告返还全部充值款61万余元及利息3万余元。

【法院裁判】

法院审理期间，甲某本人线上出庭说明情况，证明充值确由其本人实施。通过深入了解该游戏平台的运行机制，法院发现，涉案游戏具有射幸属性，对未成年人吸引力大。同时，在涉案充值行为发生时，原告已经应系统要求上传真实身份证件进行实名认证。可见，被告已有能力知晓合同相对方为未成年人，其以未上线限制充值的技术措施作为抗辩缺乏依据。同时，原告的账号充值频繁、短时间充值数额大，被告作为网络服务提供者对此本应有更高的关注，但被告在账号实名注册为未成年人的情况下，未对该账号进行审核和消费限制，也未向其监护人主张追认，继续为未成年人提供大额充值服务，被告对涉案充值行为的发生负有主要过错。原告监护人对原告疏于管理，对个人财产缺乏安全意识，亦存在过错，法院依法判决被告于本判决生效后十日内退还原告充值款60.9万元，驳回原告其他诉讼请求。

一审判决作出后，被告提起上诉，二审期间，双方当事人达成和解，二审调解结案。

【典型意义】

本案是典型的未成年人沉迷网络游戏、大额充值的案件。未成年人本就是网络游戏的"易感人群"，近年来，未成年人沉迷具有一定射幸性的"休闲小游戏"并进行大额充值的纠纷日益增多。网络游戏平台应知或明知交易对方为未成年人，仍以技术限制为理由，未实质落实未成年人保护措施，未采取有效措施限制未成年人大额消费的，法院认定网络游戏平台存在重大过错，应当依法返还充值款。本案树立依法保护未成年人的鲜明导向，督促网络游戏平台切实落实未成年人消费限制措施；同时，也明确家长在监督引导未成年人用网行为、预防未成年人网络沉迷的责任，有利于促进家长切实落实家庭教育的法定义务。

案例七

甲某诉某科技公司网络服务合同纠纷案
——充值打赏案件中未成年人一方应积极举证

【基本案情】

未成年人甲某主张，2021年11月至12月，其使用父亲甲某1的账号在被告某科技公司运营的短视频平台中充值1万余元用于打赏主播。甲某1认为甲某系未成年人，其打赏行为与年龄、智力不适应，以法定代理人身份起诉至法院，要求该公司返还打赏款项。庭审中，某科技公司调取了账号在打赏行为发生时发送的弹幕、账号关注的内容、点赞对象等，主张从账号使用情况看，与未成年人行为模式不符，无法证明账号实际使用人为甲某。经法庭多次向甲某父亲释明，补充未成年人充值的相关证据，协调未成年人出庭，甲某1均未补充证据，甲某亦未到庭进行说明。

【法院裁判】

法院经审理认为，本案中，原告虽然主张涉案账号系甲某使用，但是涉案账号实名认证主体为甲某1，从关注的账号内容、打赏的主播类型等来看，与未成年人行为模式不相符。在法院多次释明的情形下，原告亦未积极举证，现有证据无法证明账号实际使用人为甲某，原告应该承担举证不能的法律后果。法院判决驳回原告的全部诉讼请求。

一审判决作出后，双方当事人均未提起上诉，判决已发生法律效力。

【典型意义】

在涉及未成年人充值打赏案件中，未成年人多使用的是成年人账号进行注册，并通过成年人的账户进行支付，案件中需要确认充值打赏行为确系未成年人实施。本案明确，未成年人作为实施充值打赏行为的一方，应就该行为系未成年人作出承担举证证明责任。"亡羊补牢不如防患未然"，通过诉讼或其他方式追回未成年人的充值打赏款需要相应证据支持，家长应从根本加强对未成年人的教育和看护，引导未成年人科学用网、预防沉迷，家长也要提高安全意识，保护自己的支付密码，充分履行监护责任，为未成年人营造良好的成长环境。

案例八

甲某等诉乙某、某科技公司信息网络买卖合同纠纷案
——法院发送司法建议推动电商平台
加强未成年人开设网络店铺管理

【基本案情】

被告乙某系未成年人，在某科技公司运营的电子商务平台上开设了店铺，向数十人出售定制版明星图册，并在平台上进行虚拟发货。数月后，被告实际发货，原告收到商品后，发现商品与描述、打样不符。原告认为，被告销售的产品与宣传不符，应依法承担相应责任。电商平台作为平台运营商，应对销售方的资质进行审查监管，但其未尽职责。数十名买家诉至法院，请求判令被告乙某退还购货款，某电子商务公司承担连带赔偿责任。

【法院裁判】

审理中发现，本案被告未满18周岁，其在电子商务平台开设店铺售

卖了大量类似商品引发纠纷，与其身份、年龄和经济状况不相适应。本案审理过程中，经法院主持，原告与被告的监护人达成和解。案件审结后，法院就审理过程中发现的问题向运营该电商平台的被告某科技公司发送司法建议，特别指出了其在对未成年人开设网店的审核和提示方面存在的问题。该公司回函表示将加强对已满16周岁的未成年人作为平台经营者的审核和提示，加强日常管理，并进一步完善发货提示、确认功能。

【典型意义】

作为"互联网原住民"，未成年人作为消费者参与互联网交易的行为日益普遍，相关法律法规较为完善。但未成年人在平台上开设店铺、销售商品的行为也不容忽视。本案充分体现了法院在未成年人涉网案件办理过程中审判职能延伸作用的发挥。一方面，积极促进和解，维护未成年人合法权益；另一方面，就审理过程中发现的电子商务平台运营者在未成年人保护工作中的机制缺失和管理漏洞，向其发出司法建议，从源头化解纠纷，强化平台主体责任，促进数字经济健康发展。

案例九

甲某诉某公司网络服务合同纠纷案

——法官联合调解员为留守儿童开展线上家庭教育指导

【基本案情】

原告甲某年仅10岁，居住在西南偏远地区，学习成绩优异。因父母忙于生计，工作不稳定，其自幼与姨父姨母生活在一起。由于家人网络安全意识不足，缺乏对未成年人用网行为的监督管理，仅在2022年国庆假期期间，甲某私自使用家人的微信、支付宝在某视频网络平台进行信用卡充值打赏消费，金额高达7万余元。甲某的监护人认为该大额充值行为不发生法律效力，诉至法院，要求退还已充值的款项。

【法院裁判】

法院审理期间，当事人达成和解协议，原告申请撤回起诉。审理中，法院发现甲某长期在姨父姨母家中生活，父母及成年共同居住人缺乏对甲某用网行为的监督管理，且对个人支付宝、微信银行卡密码保管不当，导致甲某可以轻易发起网络支付。法院遂向甲某的父母及姨父姨母发出家庭教育指导令，要求其树立教育引导子女健康上网的意识，引导其形成健康的用网习惯，加强陪伴，预防其沉迷网络；选择适合未成年人的服务模式和管理功能；提升个人网络安全意识及用网能力，管理好家庭及个人上网设备，保管好银行卡，对网络支付设置必要的支付密码并妥善保管。

【典型意义】

近年来，未成年人特别是留守儿童的网络沉迷及网络大额消费问题引发关注。法院在案件审理中发现，涉未成年人充值打赏纠纷中，许多未成年人的家长或其他监护人存在自身网络素养不足，对个人电子设备、身份信息、银行卡及支付软件密码保管不当，对未成年人用网行为教育、示范、引导和监督不到位等问题。本案中，法院及时发出家庭教育指导令，督促家长在"首互未来"线上家庭教育平台接受专业课程学习，有利于家长提升自身网络素养，教育引导未成年人科学、文明、安全、合理使用网络。此外，法院还建立起家庭教育指导跟踪反馈机制，通过与接受家庭教育指导义务人建立微信群，定期跟踪未成年人用网和学习生活动态，并通过谈话、发放问卷等方式，及时跟进了解学习情况，督促他们正确履行家庭教育责任。

（为保护未成年人个人信息，当事人姓名均为化名）

附件2：北京互联网法院 中国社会科学院大学互联网法治研究中心拟定《网络服务提供者未成年人用户账号管理指引》《网络服务提供者涉侵害未成年人权益投诉处理指引》

网络服务提供者未成年人用户账号管理指引

第一条 为在网络服务中充分保护未成年人身心健康，保障未成年人合法权益，支持网络服务健康有序发展，鼓励网络服务提供者完善未成年人用户账号管理机制，根据《中华人民共和国未成年人保护法》《中华人民共和国个人信息保护法》《中华人民共和国网络安全法》等法律法规及相关规定，制定本指引。

第二条 网络服务提供者在未成年人用户账号的注册、管理及未成年人用户账号信息的处理中，应当坚持最有利于未成年人的原则，遵守现行法律法规关于未成年人权益保护的规定，创设有利于未成年人健康成长的网络空间和环境，保障未成年人的生存权、发展权、受保护权和参与权。

第三条 网络服务提供者依法提供适宜未成年人使用的网络服务，应当面向未成年人开放用户账号的注册申请，并设置"未成年人模式"或其他专门的未成年人用户账号管理机制，保障未成年人用户正当、平等使用网络及享受网络服务的权利。

第四条 网络服务提供者针对未成年人用户账号的管理机制包括未成年人用户身份认证机制、未成年人用户信息发布的审核巡查机制、未成年人权益侵害风险监测防御机制、账号交易管理机制等。

第五条 网络服务提供者应当在账号注册、充值打赏、商品或服务消费等环节依法设置相应的身份认证机制,鼓励网络服务提供者探索开发与未成年人年龄相应的消费管理模式和内容管理机制,在特定商品或服务的消费环节依法设置实名身份认证。

第六条 网络服务提供者在非注册环节或非支付场景通过个人信息合法收集、用户主动提供年龄等方式识别账号实际系未成年人使用的,应当同步将该用户纳入未成年人账号管理。鼓励网络服务提供者在充分平衡用户个人信息保护、未成年人权益保护的情况下,探索符合法律规定的未成年人用户识别机制。

第七条 电子商务类网络服务提供者应当明确是否允许未成年人作为经营者在平台上开设店铺或进行经营行为。如果允许,应当就年满十六周岁不满十八周岁的未成年人开设网络店铺的行为能力建立相应地审核、提示、管理机制。

第八条 网络服务提供者应当针对已认证的未成年人用户涉个人信息尤其是涉人身、财产安全信息的内容发布进行安全提醒。网络服务提供者发现未成年人用户发布包含自杀、自残倾向或其他心理健康风险倾向信息内容的,应当及时予以介入或疏导,或采取其他合理措施。

第九条 鼓励网络服务提供者通过算法推荐、数据监控等科学、合理方式,针对未成年人用户的个人账号落实"未成年人模式"或"青少年防沉迷系统"下的账号权限管理、时间管理、内容管理、消费管理等功能。

第十条 网络服务提供者应优先处理涉未成年人网络暴力行为举报,综合研判本平台涉未成年人网络暴力现象的风险,并依据本平台未成年人用户的需求情况提供针对未成年人用户的网络暴力阻断、防治、巡查机制;对涉未成年人网络暴力的信息不予发布或及时删除,对参与和实施网络暴力的主体及时采取警告、断开链接、禁言、账号封禁等处理措施;涉及违法犯罪行为的,应当立即停止向其提供网络服务,保存有关记录,并向公安机关报告。

第十一条 电子商务平台应当加强对账号买卖租赁、代充值服务的管理，充分研判此类业务的合法合规性，采取合理的资质审核机制。如继续允许相关业务存在，应结合平台的未成年人保护机制，要求商户针对购买、租赁账号和代充值服务等情况进行询问、提示，发现交易对方为未成年人的，应当按照法律规定，不与其订立合同或要求监护人追认。

第十二条　网络服务提供者面向未成年人提供直播秀场、电子商务类网络服务，应当建立对平台内第三方服务主体及从业人员的管理、培训以及教育机制，对多次出现侵害未成年人权益行为或严重侵害未成年人权益的第三方服务主体及从业人员，应当视情况及时采取警告、关停店铺、断开链接、禁言、账号封禁等处理措施；涉及违法犯罪行为的，应当立即停止向其提供网络服务，保存有关记录，并向公安机关报告。

第十三条　本指引为网络服务提供者完善未成年人账号管理机制提供参考，法律法规另有规定的，从其规定。本指引未尽事宜，网络服务提供者应当按照最有利于未成年人的原则提供服务。

网络服务提供者涉侵害未成年人权益投诉处理指引

第一条　为在网络服务中充分保护未成年人身心健康，保障未成年人合法权益，鼓励网络服务提供者针对涉侵害未成年人权益行为完善投诉处理机制，支持网络服务健康有序发展，根据《中华人民共和国未成年人保护法》《中华人民共和国个人信息保护法》《中华人民共和国网络安全法》等法律法规及相关规定，制定本指引。

第二条　网络服务提供者面向未成年人提供服务，应当坚持最有利于未成年人的原则，遵守现行法律法规关于未成年人权益保护的规定，设置科学合理的涉未成年人权益投诉申诉审核处理流程机制，创设有利于未成年人健康成长的网络空间和环境，保障未成年人的生存权、发展权、受保护权和参与权。

第三条　网络服务提供者面向未成年人提供网络社交、网络音视频、网络直播、电子商务等网络服务，应当针对涉未成年人权益的投诉或平台申诉设置并公示专门的审核处理机制。

第四条 未成年人用户比例较高、在未成年人群体中具有较大影响力的网络服务提供者应当针对平台内公开发布违法或不良信息行为、网络暴力行为、违法披露未成年人个人信息或隐私等涉及侵害未成年人权益的情况设置平台层面的巡查机制,在平台内发现侵害未成年人权益线索时,应当及时核验是否存在相关情况,并采取必要措施。

第五条 网络服务提供者接到涉及未成年人权益的通知时,应综合研判是否涉及未成年人人身安全或基本权利风险,通过适当扩大信息内容审核范围、涉未成年人权益内容专门处理等方式及时减弱影响,并视情况立即采取删除,断开链接,向网信、公安等部门报告等必要处置措施。

第六条 网络服务提供者应当在显著、便利的位置提供针对涉未成年人权益的违法或不良信息发布、个人信息披露、网络暴力行为等的投诉举报入口。

第七条 未成年人用户比例较高、在未成年人群体中具有较大影响力的网络服务提供者面向未成年人提供信息发布、即时通讯、新闻资讯等信息内容类服务,对于涉未成年人权益的违法信息以及可能引发未成年人模仿不安全行为或违反社会公德行为、诱导未成年人不良嗜好等的信息应当不予发布;已经发布的,接到投诉或平台巡查发现线索后,应当及时核实并视情况采取删除,断开链接,向网信、公安等部门报告等必要处置措施。

第八条 未成年人用户比例较高、在未成年人群体中具有较大影响力的网络服务提供者应当对本平台上网络暴力、违法披露未成年人个人信息或隐私等可能侵害未成年人权益的行为设置阻断及处罚机制;对严重或多次侵害未成年人权益的用户以及被投诉包含以上侵害未成年人权益行为的信息内容,平台经审核核实后应当视情况及时采取警告,删除,断开链接,禁言,账号封禁,向网信、公安等部门报告等必要处置措施。

第九条 非未成年人账号主体提出账号系未成年人使用并支出与其

年龄、智力不相适应的款项要求退款时，网络服务提供者可要求申诉人提供身份信息、监护关系证明等材料并作情况说明，网络服务提供者可根据用户在平台的消费特点综合判断，对疑似为未成年人消费的，可通过电话回访等方式，核实相关问题，并对退款的帐户采取合理措施限制充值打赏功能。确认为未成年人消费的，应积极与监护人协商处理退款事宜。

第十条　未成年人用户比例较高、在未成年人群体中具有较大影响力的网络服务提供者应当明确平台上信息内容生产者的行为规范并作为平台规则公开发布，保护和激励优质内容生产者。针对被投诉存在诱导未成年人充值打赏、发布可能影响未成年人身心健康信息的信息内容生产者，视情况及时采取警告、断开链接、禁言、账号封禁等处理措施。

第十一条　网络服务提供者提供生成式人工智能服务，应当对人工智能的生成内容进行伦理审查，不得生成、提供、发布侵害未成年人权益的信息内容。

第十二条　网络服务提供者面向未成年人提供服务，设置涉未成年人权益投诉申诉审核处理机制，应当积极配合行政机关、检察机关、司法机关的管理监督与调查取证，在涉未成年人权益投诉申诉审核处理中承担留证义务。

第十三条　本指引为网络服务提供者完善涉侵害未成年人权益投诉处理机制提供参考，法律法规另有规定的，从其规定。未尽事宜，网络服务提供者应当按照最有利于未成年人的原则提供服务。

黑龙江省高级人民法院发布保护未成年人权益典型案例

（2023年6月1日）

近年来，黑龙江法院聚焦"公正与效率"工作主题，贯彻"教育、感化、挽救"方针和最有利于未成年人原则，依法公正高效审理各类涉未成年人案件，确保未成年人依法得到特殊、优先、双向和全面保护。坚持做实做细教育、矫治未成年人犯罪和未成年人保护延伸工作，全面加强未成年人权益司法保护，为未成年人健康成长营造更优法治环境。

在"六一"国际儿童节来临之际，黑龙江省高级人民法院向社会发布8件依法保护未成年人权益典型案例，在裁判结果或延伸工作等方面具有一定的代表性。

此次案例发布，进一步彰显黑龙江法院坚持依法严惩各类侵害未成年人的违法犯罪不手软、坚持依法维护未成年人合法权益不松懈的鲜明立场和坚定决心，同时充分发挥这些典型案例的警示和教育功能，引导全社会形成关爱、保护未成年人的浓厚氛围。

案例一

谭某某强奸，引诱、介绍卖淫，引诱幼女卖淫案
——对严重侵害未成年人权益、犯罪情节
特别恶劣的被告人依法判处死刑

【基本案情】

2015 年初至 2018 年 11 月，被告人谭某某（男，47 周岁）在互联网上注册多个 QQ 账号并添加未成年女性为好友。在聊天过程中，谭某某套取对方的个人信息，后在明知对方未成年甚至不满 14 周岁的情况下，以编造、散布诋毁名誉的信息相要挟或以金钱引诱等手段与对方见面实施性侵，同时，拍摄裸照和视频胁迫对方此后继续与其发生性关系。至案发前，谭某某采取上述手段先后奸淫 14 名未成年女性，其中 10 人不满 14 周岁。其间，谭某某还利用 QQ 等网络聊天工具介绍、引诱 6 名未成年女性卖淫，其中 2 人不满 14 周岁。2018 年 11 月 28 日，公安机关将谭某某抓获。

【裁判结果】

法院经审理认为，被告人谭某某强奸未成年女性 14 人，其中不满 14 周岁的幼女 10 人，其行为构成强奸罪；引诱、介绍他人卖淫，其行为构成引诱、介绍卖淫罪；引诱不满 14 周岁的幼女卖淫，其行为构成引诱幼女卖淫罪。谭某某强奸未成年女性多人，且多次强奸、冒充国家工作人员实施强奸；介绍、引诱包括 2 名幼女在内的多名未成年女性卖淫，严重损害未成年女性的身心健康，犯罪情节特别恶劣，后果特别严重，社会危害性极大，应依法从重处罚。故以强奸罪，引诱、介绍卖淫罪和引诱幼女卖淫罪数罪并罚，判处谭某某死刑，剥夺政治权利终身，并处罚金人民币五千元。经最高人民法院核准，谭某某已被执行死刑。

【典型意义】

本案中，被告人谭某某不仅奸淫多名未成年女性，还对其中多人实施反复侵害和引诱、介绍卖淫犯罪，犯罪情节极其恶劣，罪行极其严重，严重践踏社会伦理道德底线，严重侵害未成年女性的身心健康，判处其死刑立即执行，彰显出人民法院对性侵未成年人犯罪坚决依法严惩的鲜明立场，有力发挥了刑罚震慑作用。同时，本案警示我们，防范侵害未成年人犯罪，任重而道远，应着力加强对未成年人的法治教育、网络安全教育，引导其切实提高防范意识，谨慎与陌生人交友，在社交媒体上不泄露个人隐私，自觉抵制各种不良诱惑，勇于拿起法律武器保护自己的合法权益。

案例二

郭某某故意杀人案

——加强对涉案未成年被害人的全面司法保护

【基本案情】

被告人郭某某（男，50周岁）因被害人王某甲（男，9周岁）的父亲王某乙拖欠其工资心生怨恨，意图杀害王某甲进行报复。2022年7月7日8时许，郭某某敲门进入王某甲家后，趁王某甲不备到厨房取出一把菜刀，砍击王某甲颈部一刀、头部数刀。王某甲在反抗过程中上肢多处受伤，后逃至楼下邻居家并被送医救治，郭某某追赶未果，逃离现场。经鉴定，郭某某的行为造成王某甲颈部开放性损伤、颞骨及顶骨颅骨骨折、创伤性蛛网膜下腔出血、创伤性休克、左手小指浅屈肌腱断裂、左尺骨开放性骨折、右拇指短伸肌腱断裂及右第二掌骨骨折等损伤，构成重伤二级。郭某某向公安机关投案并如实供述主要犯罪事实。

【裁判结果】

法院经审理认为,被告人郭某某故意非法剥夺他人生命致人重伤,其行为构成故意杀人罪。郭某某的行为严重侵害儿童的合法权益,依法应予严惩。郭某某因被害人王某甲的父亲拖欠工资不还而持菜刀连续砍击王某甲颈部、头部数刀,杀人故意明显,犯罪手段残忍,因其意志以外原因未得逞,属犯罪未遂,可以比照既遂犯从轻处罚。郭某某作案后主动投案并如实供述主要犯罪事实,构成自首,可以从轻处罚。认定郭某某犯故意杀人罪,判处无期徒刑,剥夺政治权利终身。

【典型意义】

本案是一起典型的侵害未成年人犯罪案件,被告人郭某某因王某甲的父亲拖欠其工资而迁怒于无辜儿童,意图杀死王某甲以泄愤,犯罪动机卑劣;其持菜刀连续砍击王某甲要害部位数刀,犯罪情节恶劣,审理法院考虑被告人郭某某杀人未遂,又系自首,判处其无期徒刑,体现出依法严惩侵害未成年人犯罪的鲜明态度。被害人王某甲案发时年龄尚小,身心受到严重伤害,变得沉默寡言,为帮助其走出受侵害阴影,审理法院在征得其监护人同意后,第一时间邀请专业心理咨询师对其进行了心理评估和疏导,帮助其驱散内心阴霾,逐步恢复身心健康。数月后,办案法官对王某甲进行跟踪回访,发现王某甲情绪稳定,话多了,脸上也有了笑容。本案的处理和延伸工作取得明显成效,实现了对未成年人权益的全方位保护。

案例三

张某强制猥亵案
——对侵害未成年人的教职人员宣告从业禁止

【基本案情】

2020年3月，被告人张某（男，37周岁）成立某教育咨询服务部并在某居民区商品服务部从事中小学辅导教学。同年7月6日16时至18时，在该商品服务部3号教室内，张某在为被害人姚某（男，14周岁）进行"一对一"补课期间，强行抚摸姚某背部、腰部、腿部及下体，进行猥亵。同年7月8日，张某被公安机关抓获。

【裁判结果】

法院经审理认为，被告人张某在为未成年学生姚某授课期间，违背姚某意志，强制猥亵姚某，其行为构成强制猥亵罪。考虑张某归案后认罪认罚、取得被害人谅解等情节，可对其从轻处罚。根据张某犯罪的事实、情节及对于社会的危害程度，认定张某犯强制猥亵罪，判处有期徒刑二年六个月；禁止张某从事密切接触未成年人的工作。

【典型意义】

本案系《最高人民法院、最高人民检察院、教育部关于落实从业禁止制度的意见》出台后，黑龙江省首例禁止性侵犯罪被告人从事密切接触未成年人的案件。教职人员利用其特殊身份对未成年学生实施性侵、故意伤害等犯罪，不仅严重违背教师职业道德，也严重侵害未成年学生的身心健康，人民法院在严厉惩治此类犯罪的同时，依法宣告终身禁止被告人从事密切接触未成年人工作，既有助于防止被告人在刑满释放后"重操旧业"再次犯罪，也便于用人单位更好落实入职查询义务，切实清除未成年人身边的潜在侵害危险。

案例四

杨某故意伤害案
——对涉罪未成年在校学生重在教育、感化、挽救

【基本案情】

被告人杨某（男，17周岁）与被害人于某（男，17周岁）均为高三同班同学。2018年2月2日晚自习课间，杨某与于某在嬉闹时产生矛盾，当日21时30分许，杨某趁学校放学及于某不备，持教室内的椅子砸向于某头部，造成于某头面部损伤构成轻伤二级、左手食指损伤构成轻微伤。杨某作案后主动向公安机关投案并如实供述主要犯罪事实。

【裁判结果】

法院经审理认为，被告人杨某故意伤害他人身体致一人轻伤，其行为构成故意伤害罪。杨某主动向公安机关投案，如实供述主要犯罪事实，系自首。鉴于案发时杨某系未满18周岁的在校学生，具有自首、取得被害人谅解等情节，综合考虑其犯罪的事实、情节、对于社会的危害程度及悔罪表现，依法对其免予刑事处罚。

【典型意义】

本案被告人杨某和被害人于某均系即将高考的高三学生，社会调查报告显示，杨某平时在校表现和成绩良好，进入高三后，在升学压力下逐渐产生焦虑、烦躁等心理问题但未得到及时疏导，导致本案发生。考虑本案发生的特殊背景、被告人杨某和被害人于某均为未成年人，审理法院本着特殊、双向保护原则，着力开展附带民事调解工作，促使双方

达成赔偿谅解协议,并根据杨某具有的法定、酌定从宽处罚情节,对其免予刑事处罚,助力其重返校园,重回人生正轨。审理过程中,办案法官对杨某进行了庭审教育,帮助其认识到违法犯罪的法律后果,提升守法意识,同时鼓励其不要放弃学习,全力备战高考;针对杨某在单亲家庭中长大、备考中出现的焦虑等心理问题,对杨某的母亲进行了家庭教育指导,督促杨某的母亲更多关注杨某的心理健康和情感需求,帮助杨某以积极方式释放压力、纾解情绪,顺利完成学业。本案审结后,办案法官对杨某持续跟踪回访、长期关注其学习成长状况。据悉,杨某于当年以优异的成绩考上大学,如今,已顺利毕业,正在备战研究生考试。本案的妥善处理,是以促进涉罪未成年人的健康成长、全面发展作为工作的出发点和落脚点,全面落实未成年人审判"教育、感化、挽救"方针和"教育为主、惩罚为辅"原则的生动实践,有效实现政治效果、法律效果和社会效果的有机统一。

案例五

乔某交通肇事案
—— 为经济困难的未成年被害人提供司法救助

【基本案情】

2020年12月14日21时许,被告人乔某(男,16周岁)在未取得机动车驾驶资格情况下,驾驶一辆比亚迪轿车拉载被害人荆某某(男,16周岁)、毕某某(女,14周岁)沿某公路行驶时,因注意力不集中致使车辆冲出道路与树木相撞引发交通事故,造成荆某某、毕某某重伤二级,乔某亦受重伤。经事故责任认定,乔某负此起事故的全部责任。乔某在案发后主动向公安机关投案并如实供述主要犯罪事实。

【裁判结果】

法院经审理认为，被告人乔某无证驾驶机动车引发交通事故，造成二人重伤，负事故全部责任，其行为构成交通肇事罪。乔某犯罪时未满18周岁，具有自首情节且认罪认罚，可对其从轻处罚。认定被告人乔某犯交通肇事罪，判处有期徒刑一年二个月；乔某的法定代理人乔某某、刘某某共同赔偿荆某某经济损失 178960 元，共同赔偿毕某某经济损失 494057.14 元。

【典型意义】

本案被害人荆某某、毕某某在事故发生后花费医疗费数十万元，后续治疗费用二人所在家庭已无力负担；而被告人乔某在事故中受重伤，其监护人在医治乔某后已无力赔偿二被害人的经济损失，导致本案生效附带民事判决无法实际履行。鉴于两名未成年被害人家庭因本案生活陷入困境，审理法院通过积极协调，为二人申请司法救助金，最大程度帮助二人渡过难关。本案审理法院主动作为，为经济困难未成年被害人申请司法救助，有效实现对涉案未成年人权益的全方位保护，切实体现司法救助救急解难、传递温暖、关心关爱困难人群的功能属性，也充分展示了司法关怀和法治温度，具有很好的示范引领作用。

案例六

常某强奸案

——运用司法建议制度强化未成年人保护诉源治理

【基本案情】

2022 年 7 月下旬，被告人常某（男，21 周岁）与被害人范某某

（女，13 周岁）在快手 App 平台上结识，二人在聊天过程中，常某得知范某某实际年龄，并与范某某确立恋爱关系。2022 年 7 月 31 日、8 月 2 日和 8 月 4 日，常某先后将范某某带至甲、乙、丙三个宾馆的房间，与范某某发生性关系。2022 年 8 月 4 日，常某向公安机关投案并如实供述主要犯罪事实。

【裁判结果】

法院经审理认为，被告人常某与未满 14 周岁的幼女多次发生性关系，其行为构成强奸罪。常某主动投案并如实供述自己的罪行，系自首，且认罪认罚，可对其从轻处罚。根据常某犯罪的事实、情节及对于社会的危害程度，认定常某犯强奸罪，判处有期徒刑四年六个月。

【典型意义】

被告人常某明知被害人范某某系不满 14 周岁的幼女而与范某某发生性关系，其行为构成强奸罪。本案的案发地点为三家快捷宾馆，常某带范某某入住宾馆时，宾馆工作人员未严格按照公安部"五必须"要求，查验范某某身份、询问其监护人联系方式及与同住人员常某的身份关系，对范某某未尽到相应安全保护义务。审理法院在案件审结后，针对上述问题迅速向属地公安机关制发司法建议，提出涉案宾馆入住登记审核不严、违规接待未成年人等问题，建议加强监管，全力防范宾馆等住宿场所发生侵害未成年人案件。公安机关在收到司法建议后，分别对三家宾馆作出责令停业整顿七日并处罚款一万元的行政处罚，并进一步强化对辖区宾馆等住宿场所的监督管理。本案审理法院通过制发高质量司法建议方式，积极延伸审判职能，主动融入社会治理，有效实现治理与治罪并重，真正将关爱保护未成年人能动司法落到实处，取得良好社会效果。

案例七

张某某等 11 人侵权纠纷案
——在民事审判中为涉案未成年人提供全面司法保护

【基本案情】

2022 年 3 月，原告刘某（女，14 周岁）与其同学被告张某某（女，14 周岁）因琐事产生口角后，二人相约在学校附近地下停车场见面并协商解决矛盾，后张某某找来本校及附近一所中学的被告高某等 10 人（均为女生，13 周岁或 14 周岁），双方见面后，张某某等 11 人采用撕扯头发、衣服以及抓挠、踢踹等方式对刘某进行殴打，现场有两所学校的百余名学生围观，后围观学生将双方拉开。经鉴定，刘某的身体损伤构成轻微伤。同年 7 月，刘某将张某某等 11 人及其监护人诉至法院，要求赔偿医疗费、护理费、精神损害赔偿金等费用。

【裁判结果】

法院在审理过程中，组织双方当事人开展调解工作，经调解，双方自愿达成赔偿协议，11 名被告的监护人共同赔偿原告刘某经济损失并当庭履行完毕，同时，向刘某真诚道歉。

【典型意义】

孩子是每个家庭的希望和未来，人民法院承担对未成年人提供司法保护的重要职责，责任重大、使命光荣。本案系一起发生在学生之间的民事侵权纠纷案件，审理法院立足审判，延伸职能，在查清事实、心理疏导、化解矛盾、家庭教育指导及法治教育等方面打出一套未成年人保护"组合拳"，有效实现对未成年人权益的双向、全面保护。一是准确梳理还原事实。办案法官通过调取、反复查看现场视频，对涉案未成年人入户调查，走访班主任老师了解情况等方式，准确查明案件事实，为妥善处理案件奠定基础。二是积极采取心理疏导帮教措施。审理期间，该院"晓法"暖心疏导服务站及时全程介入，聘请国家二级心理咨询师对刘某进行心理疏导，帮助其抚平心灵创伤，并对11名被告女生进行矫正辅导，引导其明理向善。三是积极化解矛盾。合议庭在开庭审理前多次与双方当事人沟通，做了大量释法说理和矛盾化解工作，促使双方当庭达成调解协议并即时履行完毕，11名被告女生及其监护人向原告刘某诚恳道歉，获得谅解。四是进行家庭教育指导。庭审结束后，办案法官向11名被告女生的监护人下发家庭教育指导令，联合当地教育主管部门向辖区中小学生发放《家庭教育指导细则》，督促广大家长切实履行家庭教育职责，教育保护好未成年子女。五是开展普法教育活动。该院多次组织干警面向辖区中小学生开展全面法治宣讲活动，教育引导学生专注学习、遵章守纪，共同构建良好学习氛围和校园环境。

案例八

王某某不服行政处罚及行政复议决定提起行政诉讼案

——成年人恶意殴打未成年人依法承担行政责任

【基本案情】

2020年8月23日14时，在某商场一楼淘气堡，原告王某某（女，30周岁）因姚某（男，4周岁）与其女儿抢玩具，掌掴姚某一下，将姚某打倒在地。姚某的母亲杨某见状报警，公安机关于当日受案，经询问姚某、杨某、王某某和查看现场监控视频，作出行政处罚决定，认定上述事实并对王某某处以行政拘留十二日，并处罚款八百元。王某某不服该处罚决定，申请行政复议，被告某市人民政府复议后维持公安机关所作行政处罚决定。王某某不服，向法院提起行政诉讼。

【裁判结果】

法院经审理认为,本案被告公安机关、被告某市人民政府分别具有作出行政处罚和行政复议决定的法定职权。被告公安机关对原告王某某所作行政处罚决定,违法事实认定清楚,处罚程序合法,适用法律正确。被告某市人民政府所作复议决定认定事实清楚,证据充分,程序合法。原告所提公安机关所作行政处罚决定错误,请求予以撤销的诉讼请求缺乏事实和法律依据,不予支持,故判决驳回原告王某某的诉讼请求。

【典型意义】

针对儿童之间在共同玩耍时发生的小摩擦,家长应在正确教育引导的同时,通过与对方家长及时交流沟通等方式合理合法解决问题,但本案原告王某某在看到女儿与4周岁儿童姚某争抢玩具后,不仅没有进行教育引导,反而掌掴姚某的行为,严重侵害未成年人合法权益,违反《未成年人保护法》关于保护未成年人的有关规定,根据具体情节需要承担相应的刑事、民事或者行政责任。公安机关在查明案件事实后,依据《治安管理处罚法》中关于殴打不满14周岁的人,依法应处十日以上十五日以下拘留,并处五百元以上一千元以下罚款的规定,对王某某所作行政处罚正确,程序合法。审理法院驳回了原告王某某的诉讼请求,正是全面落实《未成年人保护法》相关规定,对未成年人提供有效司法保护的重要体现,充分展示出人民法院全面保护未成年人权益毫不松懈的鲜明立场。

江西省高级人民法院发布
未成年人权益保护典型案例

（2023年5月31日）

案例一

陈某故意杀人、非法持有枪支案
——对严重侵害未成年人的犯罪坚持"零容忍"

【基本案情】

2019年2月11日，被告人陈某因浏览过色情网站，骑摩托车离家欲前往县城嫖娼，偶遇独自骑自行车的被害人罗某（女，殁年15周岁）后产生歹念，遂尾随罗某进入一高速公路涵洞，陈某见四下无人，掏出随身携带的改装火柴枪，威胁罗某与其发生性关系，未被理会后，朝罗某的左后侧头部开枪，致其头部中弹倒地。后罗某经抢救无效死亡。陈某在逃窜途中将改装火柴枪枪管埋藏好。

【裁判结果】

人民法院经审理认为，被告人陈某非法持有以火药为动力的枪支故意杀害未成年人，其行为构成故意杀人罪、非法持有枪支罪。陈某犯罪动机卑劣，手段残忍，情节、后果严重，社会危害极大，认罪悔罪态度差,依法以故意杀人罪、非法持有枪支罪判处其死刑,剥夺政治权利终身。一审宣判后,陈某不服,提起上诉。江西省高级人民法院裁定驳回上诉,维持原判,并依法报请最高人民法院核准。最高人民法院核准死刑。

【典型意义】

人民法院对于侵害未成年人的严重暴力犯罪,历来坚持"零容忍"的立场。在本案中,被告人持改装枪支以不特定的未成年人为侵害对象,严重影响人民群众安全感,性质恶劣,危害严重。本案案发现场偏僻封闭,无目击证人,且被告人在二审中翻供。经过认真审查事实、证据,本案证据相互印证,形成完整证据锁链,能够排除合理怀疑,足以认定被告人持枪杀害未成年被害人的事实。本案依法对被告人适用死刑,表明了人民法院严厉打击严重侵犯未成年人犯罪的鲜明态度。

案例二

叶某拒不执行判决、裁定案

——家长拒不履行对未成年子女的抚养义务,被依法追究刑事责任

【基本案情】

被告人叶某与其妻李某因感情不和离婚,离婚协议约定两个儿子归叶某直接抚养。但自2020年9月起,叶某不履行法定监护人义务,两名未成年人无人照料,基本生活和受教育权利没有保障。县民政局、妇联、公安局、检察院等就叶某的遗弃行为进行联合教育和规劝,县检察院对叶某下达了督促监护令,公安机关作出了行政拘留五日的处罚,但叶某仍不履行监护责任,李某也以离婚另组家庭且经济困难为由拒绝履行监护责任,致两名未成年人长期依靠乞讨和救助生活,处于危困状态。

2021年12月27日，经县民政局申请，县法院依法判决撤销叶某、李某的监护人资格，并指定县民政局为两名未成年人的监护人。2022年5月6日，县民政局依照法定程序向县法院提起诉讼，诉请判令叶某、李某支付两名未成年人抚养费至其成年，县法院依法予以支持。判决生效后，叶某不主动履行判决书确定的给付抚养费义务。2023年2月22日，县民政局申请县法院强制执行，叶某仍拒绝履行法定义务。后县民政局依照法定程序提起刑事自诉，请求追究叶某拒不执行判决、裁定罪的刑事责任。

【裁判结果】

人民法院经审理认为，被告人叶某对人民法院的判决、裁定有能力执行而拒不执行，情节严重，其行为已构成拒不执行判决、裁定罪。鉴于叶某是初犯，无刑事犯罪前科，已支付判决确定的抚养费，悔罪表现较好，可适用缓刑，遂以拒不执行判决、裁定罪判处叶某拘役六个月，缓刑十个月。自诉人及被告人均不上诉，该判决已发生法律效力。

【典型意义】

该案是江西省首例家长拒不履行抚养义务被追究刑事责任的案件，是人民法院深入贯彻习近平总书记关于少年儿童工作重要指示批示精神的生动司法实践。未成年人的父母逃避对子女的抚养义务，不仅应当受到道德的谴责，还应受到法律的制裁。本案中，通过民政、妇联、公安、检察、法院等全链条执法司法衔接，推动行政责任、民事责任、刑事责任联动追究，末端治罪与诉源治理同步推进，庭前教育与判后帮教相结合，刑事制裁与法治教育一并实现，有力惩处了侵害未成年人权益行为，对被告人起到了惩戒和教育作用，对社会公众起到了法治宣传和警示作用。

案例三

熊某猥亵儿童案
——依法严惩利用网络"隔空"猥亵未成年人的犯罪

【基本案情】

2022年1月,被告人熊某通过百度App添加8周岁的被害人李某为好友。熊某明知李某年龄,为满足性刺激心理,以淫秽语言相引诱,向李某发送淫秽照片,并要求李某发送其私密部位照片。之后熊某通过微信收取李某两张裸露私密部位的照片,并保存在手机中。李某的家人发现上述聊天内容后向公安机关报案。熊某到案后如实供述了自己的罪行。

【裁判结果】

人民法院经审理认为,身体接触并非判断猥亵行为的唯一标准。通过网络发送污秽语言、传输淫秽照片、引诱儿童向自己传输私密照片等方式,对未成年人实施"隔空"猥亵行为,符合猥亵行为的本质特征及表现形式。熊某的行为违反社会公序良俗,妨害社会道德风尚,侵害儿童的身心健康和人格尊严,依法以猥亵儿童罪判处熊某有期徒刑二年三个月。

【典型意义】

随着互联网普及和发展,网民特别是未成年网民日益增多,猥亵行为也从传统的抠摸等身体接触式翻新变异为利用网络实施的非接触式猥亵("隔空"猥亵)。非接触式猥亵具有犯罪对象广、隐蔽性强、危害性大的特点。幼女因思想单纯懵懂,身心发育尚未成熟,对性的认识和辨别能力很差,缺乏自我保护意识,容易成为犯罪分子侵害的对象,且在被猥亵后往往因不敢反抗或羞于启齿,导致犯罪行为不能被及时发现和制裁。此类案件警示家庭和学校应加强对未成年人网络社交的引导，提高自护意识和能力，防范被犯罪侵害的潜在风险；同时互联网平台应当增强保护未成年人的责任意识，防止违法犯罪分子通过网络"隐身"侵害未成年人。

案例四

林某强奸案

——对利用职业便利奸淫幼女的校外培训教师适用从业禁止措施

【基本案情】

2021年1月至2月，林某借其在某市某培训学校担任兼职教师的特殊职责和工作便利，物色和接近不满14周岁的幼女，以隐瞒身份相欺骗，以金钱财物相引诱，使用"生物测试""普通话测试"、签自愿性字条等套路先后诱骗、强迫不满14周岁的被害人覃某、章某与其发生性关系。

【裁判结果】

人民法院经审理认为，被告人林某应当知道被害人覃某、章某系未满14周岁的幼女，采取强迫、诱骗等手段，多次与两名被害人发生性关系，情节恶劣，其行为构成强奸罪。林某系累犯，依法从重处罚。法院以被告人林某犯强奸罪判处有期徒刑十二年，剥夺政治权利二年；禁止被告人林某在五年内从事未成年人教育、培训、辅导的相关职业。

【典型意义】

课外教育系学校教育的有益补充，但由于行业监管不够健全，实践中发生了培训教师性侵未成年人的案件。本案被告人利用教育和管理未成年人的工作便利,故意选择未成年学生进行引诱、哄骗并实施性侵害,且系累犯,人民法院根据犯罪情况和预防再犯罪的需要,依法严厉惩处被告人并对其适用从业禁止措施,牢牢守住未成年人权益保护的司法防线。本案警示相关主管部门强化对教育培训行业的监管,家长和学校多关注孩子的学习和生活,加强对孩子的法治教育和性知识教育,帮助孩子提高自我保护能力。

案例五

张某容留他人吸毒案

——警惕新型毒品"上头电子烟"危害未成年人身体健康

【基本案情】

被告人张某与朋友潘某(系未成年人)、敖某为追求刺激,共同出资从网上购买了一根"电子烟"。2021年7月7日晚至次日,张某明知购买的"电子烟"含有合成大麻素类新精神活性物质,且合成大麻素类新精神活性物质已被整类列管的情况下,仍在自己的出租屋内容留潘某、敖某吸食,并无偿提供给吴某等6名未成年人吸食。

【裁判结果】

人民法院经审理认为,被告人张某无偿提供含有合成大麻素类新精神活性物质的毒品给多名未成年人吸食,并为多人吸毒提供场所,其行为已构成容留他人吸毒罪,依法判处其有期徒刑一年八个月,并处罚金人民币一万元。

【典型意义】

本案是一起新类型毒品危害未成年人身心健康的典型案件。近年来,合成大麻素披着"香烟"的外衣,被包装成"时尚单品",有向未成年人蔓延的迹象,对未成年人身心健康造成极大伤害。防范新型毒品危害的问题刻不容缓。未成年人群体由于心智不够成熟,缺乏分辨能力,又喜欢追求时尚,具有强烈的好奇心,容易在吸食"上头电子烟"过程中染上毒瘾。人民法院对该类容留未成年人吸食新类型毒品的犯罪依法从重判处,并查明毒品源头,坚决斩断伸向未成年人的黑手,为未成年人的健康成长保驾护航。

案例六

张某美、张某辉虐待案
——呼吁家长"依法带娃",织密未成年人保护法网

【基本案情】

未成年被害人张某自小由爷爷、奶奶抚养,10周岁后随父母张某辉、张某美生活。因学习或不听话等原因,二被告人经常对其采取捆绑、殴打等不当教育方式。2020年7月22日,被害人被张某美殴打、捆绑且被反锁在家,张某辉赞同张某美的做法。7月24日早上,张某美发现被害人倒在卫生间门口,二被告人进行急救后将其送至卫生院。经医生诊断,被害人已经死亡。经鉴定,被害人系体位式窒息死亡。

【裁判结果】

人民法院经审理认为,被告人张某美、张某辉采取殴打、捆绑、饥饿等虐待方式致张某死亡,其行为构成虐待罪,且系共同犯罪。张某美系主犯,具有自首情节且认罪认罚,但其虐待手段残忍,犯罪后果特别严重、人身危险性大、社会影响极其恶劣,对其从轻处罚的幅度不宜过大。张某辉系从犯,依法应从轻或减轻处罚,但其具有前科情节,可酌

情从重处罚。根据二被告人的犯罪事实、性质、情节和社会危害性，以虐待罪判处张某美有期徒刑六年、张某辉有期徒刑二年六个月。

【典型意义】

本案是一起亲生父母虐待未成年子女的典型案件。张某美、张某辉虽出于教育孩子的目的，但采取暴力手段并造成未成年人死亡的严重后果，其行为远超正常家庭教育的界限。对未成年子女以实施暴力进行教育的方式为法律所禁止。2022年1月1日生效的《家庭教育促进法》以立法引导和规范家庭教育，要求父母以及其他监护人在家庭教育过程中"依法带娃"，正确行使监护职责。本案警示具有监护、看护职责的单位和人员应当依法履责，防止因违法开展家庭教育，或者不依法履行监护、看护职责引发悲剧。

案例七

郑某负有照护职责人员性侵案

——教职人员与已满14周岁不满16周岁的
学生自愿发生性关系构成犯罪

【基本案情】

2020年9月，被害人周某（2005年7月出生）到某技工学校美术班学习。2021年3月，被告人郑某入职该技工学校，并负责该美术班的数学教学工作。郑某对周某展开追求，后两人多次发生性关系，并发展成男女朋友关系。

【裁判结果】

人民法院经审理认为，被告人郑某作为对周某负有学业教育职责的人员,明知被害人周某系已满14周岁但未满16周岁的未成年人,仍与其发生性关系,其行为构成负有照护职责人员性侵罪,判处被告人郑某有期徒刑一年,并禁止其在刑满释放后五年内从事密切接触未成年人的工作。一审宣判后,郑某未上诉,该判决已发生法律效力。

【典型意义】

《刑法修正案(十一)》增设了负有照护职责人员性侵罪,进一步织密了未成年人权益保护的刑事法网。一些对未成年女性有监护、收养、教育等职责的人员,利用其身份、地位优势或者便利条件,以及未成年人心智不成熟、涉世不深、防备心理不强等特点,诱骗、哄骗未成年女性与其发生性关系,严重损害未成年女性的身心健康。本案警示对未成年女性有监护、收养、教育等职责的人员,勿以"谈恋爱""自愿发生性关系"之名行性侵之实,否则必将受到法律的严惩。

案例八

温某诉李某、李某翼、某中学身体权纠纷案
——学生遭遇校园暴力,施暴者和学校均担责

【基本案情】

温某、李某均系某初级中学在校学生,均为限制民事行为能力人,李某翼系李某的法定监护人。李某因手机被老师没收,怀疑是温某举报,于2021年12月5日在学校池塘边及厕所门口殴打温某致其受伤,经医院诊断为左足第5跖骨基底部骨骺损伤、脑震荡、头皮血肿、多处挫伤,住院治疗17天。出院后,温某诉请李某、李某翼、某中学赔偿医疗费、营养费等各项损失35317元。

【裁判结果】

人民法院经审理认为，公民的身体健康权受法律保护。李某因怀疑手机被没收是因温某举报，两次殴打温某致其受伤，应当承担侵权责任。因李某系限制民事行为能力人，依法应由其监护人承担相应责任。某中学作为教育机构，在教师值班、校园巡查等安全管理方面存在疏漏，致使该校园暴力行为未被及时发现和制止，应当承担与其过错相当的侵权责任。根据各方当事人的过错程度，确定由李某翼、某中学分别对温某的损失承担85%和15%的赔偿责任。

【典型意义】

近年来，校园暴力事件时有发生，对受害人的身心造成了严重伤害，引起了社会公众对校园安全的关注。加强校园安全，推进法治校园、平安校园建设，切实保障青少年学生人身安全，事关亿万家庭幸福及社会和谐稳定。本案体现了司法对校园暴力行为的否定评价，鼓励受害人向校园暴力说"不"。同时，警示教育机构采取有效措施，积极预防、及时发现和有效制止校园暴力行为，为学生创造安全、和谐的学习生活环境。

案例九

张某诉某游乐园有限公司生命权、身体权、健康权纠纷案

——幼儿在游乐场受伤，监护人与经营者按过错程度承担责任

【基本案情】

2022年2月16日，原告张某（事发时2周岁10个月）进入被告某游乐园有限公司开设的游乐园游玩，在海洋球池玩耍时摔伤，后经医院

诊断为右胫骨骨折。原告认为，游乐园海洋球池内有硬质积木玩具，池内部分海洋球干瘪、破裂且数量过少，无法对孩童起到缓冲作用；游乐园管理人未尽到危险提示、预防和消除义务，事故发生后也未尽到救助义务，被告作为经营者应承担本次事故的直接责任。被告某游乐园有限公司认为，游乐设备产品质量达标合规且有定期维护，游乐场明确告知未成年人入园游玩时的监护职责由监护人自行承担，事故发生时，原告监护人在一旁接打电话，对张某的游玩状态放任不管、疏于监护管理，是导致事故发生的根本原因，被告无须承担赔偿责任。原告诉至法院，请求依法判决被告承担赔偿责任。

【裁判结果】

人民法院经审理认为，被告某游乐园有限公司作为游乐场的经营者，负有为游客提供符合安全标准的游乐设施以及保障游客人身安全的义务。被告某游乐园有限公司虽在海洋池中采取了铺设软性地垫等安全保障措施，但仍存在海洋球数量过少且部分破损干瘪，以及海洋池内遗留部分硬质积木玩具等不利于儿童人身安全的因素，足以对游玩儿童构成潜在安全风险，客观上造成了张某身体受伤。被告公司未能尽到足够的安全注意和保障义务，主观上存在过错，且与张某受伤存在直接因果关系，故应对张某受伤承担赔偿责任。向某作为张某的法定监护人，未能依照游乐园的游园注意事项及游园告知履行监护职责，在接打电话期间没有及时注意和制止张某的危险行为，也是造成张某受伤的原因之一，故也应承担相应责任。根据当事人各自过错程度，判决由被告某游乐园有限公司承担60%、原告张某自负40%的民事责任。

【典型意义】

游乐场作为受孩子欢迎的场所，也是各种伤害事件的高发地。经营者和家长都应提高安全防范意识，依法履行各自的安全保障义务和监护责任。家长应当认真阅读游玩注意事项和安全说明，根据孩子的情况选择适当的游乐场设备，同时尽到监护人义务，确保孩子一直在视线内，及时制止孩子的危险行为。儿童乐园的经营者应做好游乐设施器材的管护工作，工作人员应尽到必要的看护责任。未成年人在游玩过程中发生受伤事件的，按双方的过错程度承担相应民事责任。

案例十

胡某诉某县公安局、某县人民政府行政处罚案
——对实施轻微违反治安管理行为的未成年人，
处罚应遵循过罚相当原则

【基本案情】

2022年5月14日，案外人程某与王某因发生矛盾在当地体育馆约架，未成年人原告胡某受王某一方邀约前往体育馆。双方人员发生口角，原告胡某在一旁观看而未参与。县公安局（被告一）人员赶到现场后，原告已离开回家，未再回体育馆。后双方未离开的人员发生聚众斗殴，程某一方携带刀具并造成人员受伤。同年5月31日，县公安局对已满14周岁的相关人员作出行政处罚，其中，对胡某处以行政拘留十二日、并处罚款一千元，因胡某已满16周岁未满18周岁，初次违反治安管理，对其行政拘留不予执行。胡某不服，向当地县政府（被告二）申请复议，县政府作出行政复议决定书，维持被申请人作出的行政处罚决定书。胡某不服，遂向法院提起诉讼。

【裁判结果】

人民法院经审理认为，公安机关实施行政处罚时应遵循过罚相当原则，即行政处罚必须与违法行为的事实、性质、情节以及社会危害程度相当。原告胡某虽然明知是约架仍前往现场，但未实际参与双方纠纷，

在现场未实施违法行为,且在公安人员赶至现场前已离开,对后续斗殴事件也未提供物理或心理上的帮助,违反治安管理行为情节显著轻微,社会危害程度较小。原告系未成年在校学生,辨别和控制能力还不够强,易受环境影响,根据"教育为主、惩罚为辅"原则,对其进行批评教育的法律效果和社会效果优于治安拘留和罚款。故判决撤销原行政处罚决定和原行政复议决定,同时向原告监护人发出家庭教育指导令,责令其加强管教。

【典型意义】

人民法院在处理涉未成年人行政处罚案件时,深入践行未成年人特殊、优先保护理念,根据"教育为主、惩罚为辅"原则,充分考量未成年人身心特点及案件情况,对于初次违反治安管理且违法行为显著轻微、未造成危害结果的在校未成年人,遵循过罚相当的原则,通过对其批评教育、警示谈话,对监护人发出家庭教育指导令,采取符合未成年人身心发展规律、具有教育矫治和预防功能的干预措施等方式,实现了法律效果和社会效果相统一。

广东省高级人民法院发布未成年人司法保护典型案例

（2023 年 5 月 30 日）

案例一

张某某、周某某等拐卖儿童案

——严厉打击拐卖儿童犯罪

【基本案情】

2005 年 1 月，被告人周某某伙同他人闯入于某某家中，以辣椒水、透明胶等工具控制捆绑于某某，将于某某未满 1 周岁的儿子强行抱走交由被告人张某某贩卖。此外，张某某还以零食引诱、话术诱骗等方式拐卖其他儿童 8 名，造成 1 名儿童父亲自杀身亡、3 名儿童下落不明的严重后果。

【裁判结果】

广东省高级人民法院生效判决认为，张某某、周某某等以入户暴力抢夺婴儿、欺骗引诱等方式拐卖儿童多人，造成公众极大恐慌，社会危害性极大。以拐卖儿童罪判处张某某、周某某死刑；其他被告人分别被判处无期徒刑和有期徒刑十年不等；各被告人共同赔偿部分被拐儿童父母物质损失 39.5 万元。最高人民法院核准张某某、周某某死刑。

【典型意义】

本案是全国关注的拐卖儿童犯罪重大案件。依法严惩张某某等犯罪分子并支持被拐儿童父母民事赔偿请求，彰显了人民法院严惩侵害未成年人权益犯罪绝不手软、依法保护未成年人权益毫不松懈的鲜明态度。

案例二

赵某某猥亵儿童案
—— 托管机构从业人员猥亵学生被判终身从业禁止

【基本案情】

2019 年 9 月至 2022 年 3 月，被告人赵某某在校外经营某托管机构，利用看管学生的职业便利，对 8 名未满 12 周岁的儿童进行多次猥亵。

【裁判结果】

佛山市南海区人民法院生效判决认为，赵某某猥亵儿童多人，其行为已构成猥亵儿童罪。其利用职业便利多次在公共场所对不满 12 周岁的儿童实施猥亵行为，持续时间长，涉及人数多，依法应从严惩处，判处其有期徒刑十五年，剥夺政治权利三年；禁止赵某某从事密切接触未成年人的工作。

【典型意义】

本案系《最高人民法院、最高人民检察院、教育部关于落实从业禁止制度的意见》出台后，广东法院首例适用《未成年人保护法》，对性侵未成年人的校外培训机构人员依法宣告终身禁止从事密切接触未成年人工作的刑事案件。人民法院坚持对性侵未成年人"零容忍"的态度，对赵某某判处了最严厉的刑罚，并根据犯罪情况和预防再犯罪的需要，对其判处终身从业禁止，依法全面贯彻最有利于未成年人原则。

案例三

程某强奸案
——司法建议促交友平台整改

【基本案情】

被告人程某（17周岁）与被害人梁某（12周岁）通过网络交友软件接触并相识。程某在明知梁某未满14周岁的情况下，仍与梁某发生性关系，并以公布录像要挟梁某继续与其保持关系。

【裁判结果】

广州市荔湾区人民法院一审认为，程某明知被害人是不满14周岁的幼女而与其发生性关系，其行为构成强奸罪，鉴于程某犯罪时未满18周岁，有自首情节，依法判处其有期徒刑一年五个月。广州市中级人民法院二审维持原判。同时，针对涉案互联网交友平台诱导未成年人互相添加交往的情况，法院向公安机关、网信部门发出司法建议，建议对该社交平台进行整改，对未成年人社交软件设置监护人监督、提示功能，规范用户实名认证功能，审核平台内容发布，如发现有涉黄、诱导未成年人等内容，应当责令整改或下架。

【典型意义】

本案网络交友平台存在诱导未成年人的行为，严重危害未成年人身心健康。人民法院及时向相关部门发出司法建议，促进相关部门依法对该社交平台进行整改,并依据司法建议对同类未成年人交友平台逐步开展整改工作,努力实现预防犯罪、源头治理、综合治理的目的。

案例四

潘某某猥亵儿童案
—— 多部门联合对未成年被害人判后帮扶

【基本案情】

2021年11月,被告人潘某某趁邻居小孩赵某(10周岁)在后院玩手机时猥亵赵某。后又乘赵某家人不在之机,进入房间对赵某进行猥亵。

【裁判结果】

江门市蓬江区人民法院一审认为,潘某某猥亵未满14周岁的儿童,其行为构成猥亵儿童罪,判处有期徒刑三年六个月。江门市中级人民法院二审维持原判。承办法官得知赵某表达了强烈的搬家意愿,考虑到赵某父母离异,赵某随父亲、继母以及爷爷奶奶生活,家庭经济较困难,即与检察机关联合开展司法救助,给予国家司法救助金2.8万元,用于赵某家人重新租住房屋。

【典型意义】

本案是一起发生在邻里之间的猥亵案件。潘某某的猥亵行为对被害人赵某的身心造成极大伤害。人民法院在依法严惩侵害未成年人犯罪的同时,积极延伸开展司法救助,联合检察院、妇联、街道办等部门,帮助被害人走出心理阴影,重拾学习和生活信心,有力贯彻了对未成年人全面保护的原则。

案例五

方某与某学校教育机构责任纠纷案
——教育机构不当行使教育惩戒权构成侵权

【基本案情】

2019年11月，某学校初一年级级长王某，未经核实将方某早恋的虚假信息传达给班主任张某，张某据此公开批评方某，拍桌子大声责骂方某，之后违规给方某停课超过7天。2019年12月，因长时间停课担心跟不上以及害怕被同学嘲笑，方某企图在家中自杀。后方某被诊断为"抑郁状态"，住院治疗56天，出院后转至其他学校上学。方某诉至法院，要求某学校及张某、王某公开澄清事实、赔礼道歉并赔偿医疗费等。

【裁判结果】

珠海市香洲区人民法院生效判决认为，王某、张某误信误传方某早恋信息，公开批评、责骂方某，并违规给方某停课超过7天，王某在事后已知真相的情况下不澄清事实，也不纠正给方某长时间停课的错误行为，最终导致方某心理健康受到损害形成心理疾病，其行为属行使教育惩戒权不当，构成侵权行为。以上行为系张某、王某在履行教学职务过程中作出，应由某学校承担民事责任。故判决某学校书面向方某赔礼道歉，赔偿医疗费、心理咨询费、精神损害抚慰金等共计6.5万元。

【典型意义】

本案系因学校不当实施教育惩戒权引发的侵权案件。人民法院厘清了学校、教师行使教育惩戒权的法律边界，明确了单纯心理伤害后果也属于人身损害赔偿范围，引导学校、教师在遵守法律法规、职业道德规范内，妥善履行教育职责，积极护航未成年人健康成长成才。

案例六

周某与瞿某甲探望权纠纷案
——准确适用协助探望行为保全措施

【基本案情】

周某与瞿某甲婚后育有女儿瞿某乙,双方离婚后瞿某甲将女儿带至异地抚养。2022年8月,瞿某甲将周某微信、电话拉黑,没收瞿某乙的电话,导致周某无法探视瞿某乙。周某诉至法院,要求瞿某甲协助其行使探望权。2022年11月,法院一审判决周某享有探视权,并明确了探望的时间、地点及方式。瞿某甲提起上诉,以判决未生效为由继续不配合周某行使探望权。周某遂申请行为保全,请求裁定瞿某甲协助其每周末以视频聊天等方式行使探望权。

【裁判结果】

广州市黄埔区人民法院生效裁定认为,瞿某乙虽由瞿某甲直接抚养,但仍应依法保障母亲周某合理的探望权利。瞿某乙明确表示愿意与周某会面,寒暑假时愿意与周某一起生活,瞿某甲拒绝协助行使探望权损害了周某的合法权益,对瞿某乙的身心健康亦造成不利影响。故裁定瞿某甲协助周某每周通过视频方式与瞿某乙会面聊天一次,每次视频时长不少于10分钟;同时发出协助探望令,责令瞿某甲履行该行为保全裁定的协助探望义务。

【典型意义】

探望权既是父母的权利,也是未成年子女的权利。人民法院坚持以未成年人利益最大化为原则,综合考虑未成年子女的年龄、鉴别能力和意愿，合理适用行为保全制度发出协助探望令，以视频"云探望"方式破解诉讼期间探望权空白期困境，为探望权的实现及未成年人身心健康发展提供了坚实保障。

案例七

黄某乙与梁某甲抚养费纠纷案
—— 离婚约定不妨碍未成年人因实际生活需要主张抚养费

【基本案情】

梁某甲与黄某甲婚后于 2015 年 7 月生育儿子梁某乙，2017 年 11 月协议离婚，梁某乙归母亲黄某甲抚养，梁某甲每月支付 1500 元抚养费并享有探望权。2018 年 6 月，双方又签订一份《协议书》，约定"梁某乙改随母姓为黄某乙，孩子改姓后，男方可以不用支付女方抚养费，同等男方也失去其探视权"，并为梁某乙办理名字变更登记。后黄某乙诉至法院，要求梁某甲支付拖欠抚养费 6.6 万元，后续每月支付抚养费 1500 元直至其年满 18 周岁。

【裁判结果】

湛江市中级人民法院生效判决认为，父母离婚后，未成年子女无论由父或母直接抚养，仍是父母双方的子女，父母对于子女仍有抚养和教育的权利和义务。涉案《协议书》的约定并不妨碍黄某乙基于现在的实际生活需要而向梁某甲主张抚养费。结合黄某乙目前的实际生活学习需要、黄某甲收入情况及当地的生活水平等因素，判决梁某甲支付黄某乙抚养费 1.05 万元，此后每月支付抚养费 1000 元，直至黄某乙年满 18 周岁止。

【典型意义】

抚养费是未成年子女健康成长的重要保障，父母对于抚养费的约定应以不影响子女健康成长为前提。人民法院依法认定因实际情况发生变化，直接抚养子女一方的抚养能力明显不能保障子女生活所需费用，影响子女健康成长的，另一方以协议约定拒绝支付抚养费的主张不予支持，充分维护未成年人合法权益。

案例八

谢某甲与许某变更抚养关系纠纷案

——以家庭教育指导令敦促正确履行家庭教育责任

【基本案情】

谢某甲、许某原系夫妻关系，于2021年3月经法院判决准予离婚，女儿谢某乙由许某抚养。后谢某甲、许某多次就谢某乙的探望及抚养问题发生激烈冲突，甚至在谢某乙中考备考的关键时期仍争执不休，严重影响其正常学习生活。2022年4月，谢某甲以许某殴打虐待女儿、言行严重影响女儿身心健康为由，诉至法院，请求判令变更谢某乙由其抚养。

【裁判结果】

东莞市第一人民法院生效判决认为，考虑谢某乙已年满15周岁，对日常学习生活已具备较高程度的自我评判能力，经严格审查谢某甲提交的证据，充分聆听、甄别未成年子女的真实意愿后，认定谢某甲提交的证据不充分，判决驳回谢某甲的诉讼请求；同时，向谢某甲、许某发出家庭教育指导令，要求其限期接受法院的现场家庭教育指导，及时纠正自身错误履行家庭教育责任的行为。

【典型意义】

父母是孩子的第一监护人、第一任老师,不仅要提供保障孩子正常成长的物质条件,更要时刻关注、引导孩子形成良好的品行和积极向上的生活态度。本案中,人民法院积极延伸司法职能,将家庭教育指导工作融入家事案件审理中,敦促监护人正确履行家庭教育责任,为未成年人的健康成长营造安定和谐的环境。

案例九

祖某乙与祖某甲人身安全保护令纠纷案
——反家暴联动机制保障未成年人权益

【基本案情】

未成年人祖某乙在父母离异后随父亲祖某甲生活,祖某甲多次采用暴力殴打或谩骂的方式对祖某乙进行家庭教育。在某次殴打后祖某乙向当地妇联求助,妇联与法院立即启动反家暴联动机制,由妇联收集相关证据材料并代为申请人身安全保护令。

【裁判结果】

佛山市顺德区人民法院生效裁定认为,祖某甲长期通过家暴方式教育子女已构成违法,依法作出人身安全保护令和家庭教育指导令,禁止祖某甲实施家庭暴力,禁止其使用轻视、冷漠、侮辱等方式进行家庭教育,敦促其多关注祖某乙的智力发展状况及情感需求,合理合法履行法定监护人义务。

【典型意义】

在遭遇家暴时,未成年受害者往往无法独立申请人身安全保护令。

人民法院积极指引妇联代为申请人身安全保护令，充分发挥了人民法院与妇联组织的反家暴联动机制作用，引导父母与子女建立和谐温暖的亲子关系，维护平等、和睦、文明的家庭关系。

案例十

杨某与某市公安分局等责令停业整顿、罚款案
——旅馆违法接待未成年人入住应担责

【基本案情】

杨某未经公安机关许可擅自经营某旅馆。2022年2月，林某（13周岁）持手机中"邓某"的身份证照片在某旅馆办理入住登记，杨某未对该身份证进行准确核验即同意其入住。林某等人入住某旅馆房间后，陆续有数名未成年人进入该房间。杨某明知入住人员中有未成年人，亦未及时核验其身份信息并询问监护人联系方式，致使发生被害人李某（12周岁）在涉案旅馆房间内遭多人殴打数小时的严重后果。某市公安分局决定责令某旅馆停业整顿并给予杨某罚款十万元的行政处罚。杨某申请行政复议，某区政府维持涉案行政处罚决定。杨某遂诉至法院，请求变更某市公安分局罚款金额为三万元以下，撤销涉案行政复议决定书。

【裁判结果】

广州铁路运输法院生效判决认为，旅馆接待旅客住宿必须登记，登记时应当查验旅客的身份证件。杨某未经公安机关许可擅自经营旅馆，未就所有入住的未成年人进行登记并获取其监护人联系方式，在未成年人入住期间，未加强安全巡查，发现可能有违法犯罪嫌疑的，没有立即向公安机关报告，均违反相关法律规定。某市公安分局在法定处罚幅度内，决定给予某旅馆责令停业整顿，给予杨某罚款十万元的行政处罚，

认定事实清楚，适用法律正确，程序合法。复议机关作出复议行为符合法律规定。故判决驳回杨某的诉讼请求。

【典型意义】

旅馆等住宿经营者应严格履行保护未成年人的法律义务，接待未成年人入住应查验身份并如实登记，询问其监护人联系方式和同住人员身份关系，加强安全巡查和访客管理，严格落实强制报告制度。人民法院依法认定旅店经营者违法接待未成年人入住的，应承担相应法律责任，支持有关主管部门强化对经营性住宿场所的日常监管，保护未成年人健康成长。

四川省高级人民法院发布
未成年人司法保护典型案例

(2023年5月31日)

未成年人健康成长关乎亿万家庭幸福安宁，关乎中华民族伟大复兴。习近平总书记多次对加强少年儿童保护工作作出重要批示，四川省委对未成年人保护提出明确要求。依法严惩各类侵害未成年人的违法犯罪，切实保护未成年人的合法权益，是人民法院的重要职责。

2022年以来，四川法院共审结各类侵害未成年人犯罪案件1189件，惩处罪犯1384人。妥善审理涉未成年人民事案件，审结涉及未成年人抚养、收养、监护、探望等民事案件13983件。

自2022年《家庭教育促进法》实施以来，全省法院始终将家庭教育指导工作作为审判职能延伸的主阵地。在6211件涉未成年人案件中开展了家庭教育指导工作，对2246名监护不当的父母或者其他监护人发出家庭教育指导令、家庭教育责任告知书、提示书3403份，全省法院独立或者联合相关职能部门建立家庭教育服务指导机构89个。

与司法职能的发挥同步，全省法院对因遭受不法侵害陷入困境的未成年人，及时给予优先保护。全省法院救助未成年人304人，发放司法救助金508.3万元。开展未成年被害人法律援助285人次，心理疏导505人次。还依托法治副校长队伍，深入开展法治进校园活动。通过单独或联合相关部门出台实施意见等方式，推动法治副校长实质性履职。全省现有 2145 名法官、法官助理受聘担任法治副校长，开展各类法治教育活动 3182 场次，共同促进未成年人事业发展。

"一个案例胜过一打文件"，法律政策需要靠一个个具体案例落实，公平正义需要靠一个个具体案例彰显。为进一步推动和加强未成年人权益保护工作，充分发挥典型案例的评价、指引和警示、教育功能，在"六一"国际儿童节即将来临之际，四川省高级人民法院从全省三级法院审结的依法保护未成年人权益案件中，筛选出 7 起典型案例，其中，既有对非法从事搭载未成年人的客车经营者判处危险驾驶罪、及时作出人身安全保护令保护被家暴未成年人的案例，也有依法支持校园欺凌受害者精神损害抚慰金、撤销事实无人抚养龙凤胎父母监护权资格的案例，还有判令返还限制民事行为能力人的网络充值、变更抚养权保障未成年人健康成长的案例。

案例一

被告人苟某某危险驾驶案

——对非法搭载未成年人上下学的客车经营者
判处危险驾驶罪，护航未成年人交通安全

【基本案情】

被告人苟某某利用自有小型普通客车，长期从事非法搭载未成年人上下学业务。2022 年 4 月，苟某某驾车有偿搭乘未成年人放学回家途中被执勤民警挡获。经现场核实，该车核载 9 人，实载 20 人，超员 11 人，载客人数超过车辆核定人数的 100% 以上。

【裁判结果】

人民法院经审理认为，被告人苟某某非法从事搭载未成年人上下学业务，严重超过额定乘员搭载未成年人，其行为构成危险驾驶罪，依法以危险驾驶罪判处苟某某拘役三个月，并处罚金四千元。

案件审结后，人民法院向相关教育、交通运输、交警部门发出司法建议，推动联合开展非法搭载未成年人上下学客车专项整治，督促严格落实未成年人乘车安全主体责任、加快建立安全治理联动体系、持续强化未成年人乘车安全宣传教育。

【典型意义】

学生交通安全责任重于泰山，其承载的是家庭幸福安宁与社会和谐稳定，普通客车非法搭载未成年人上下学，无疑给未成年人埋下了巨大安全隐患。本案中，苟某某搭载未成年人上下学所用的客车登记为自用车，既未依法取得校车使用许可，其个人也不具备校车驾驶资格，违反了《校车安全管理条例》规定。同时，所驾客车还存在严重超员情形，极易导致车辆性能下降，从而引发侧翻、爆胎等事故，给未成年人造成严重伤害。苟某某非法从事搭载未成年人上下学业务，严重超载搭乘未成年人的行为，存在极大的安全隐患和社会危害性，已经构成危险驾驶罪。案件审理过程中，法院邀请学生家长和学校管理人员旁听庭审，在依法惩处"黑校车"经营者的同时，警示家长和学校要提高学生交通安全意识，坚决抵制车辆非法客运，从源头上防范和减少未成年人交通安全风险。同时，该案例也提示教育、交通运输、公安等有关部门，应当进一步加强校车安全风险管控，完善协同联动机制，强化准入管理和技术监管，严查超速、超员等违法行为，共同为中小学生营造安全便捷的交通环境。

【专家点评】

点评人：谭全万/成都理工大学文法学院院长、教授，四川省妇女儿童权利保护研究中心专家顾问、四川省法学会法理学研究会副会长

校车事故日益成为侵害未成年人生命健康的重要原因，校车安全逐

渐成为未成年人权益保护的重要领域。2021年国务院公布《中国儿童发展纲要（2021—2030年）》，四川省公布《四川儿童发展纲要（2021—2030年）》，增加了"加强学校周边环境治理，持续优化校园周边治安、文化、饮食、卫生、交通等安全环境"等专门章节，凸显了对校车领域中未成年人人身安全保护的重视和要求。本案中，人民法院准确适用法律，以危险驾驶罪追究被告人的刑事责任，从源头上加强对校车安全领域中保护未成年人的有效举措值得肯定。

本案的司法处理充分体现了人民法院在未成年人保护中能动司法的重要作用：一方面，人民法院在审理案件时，邀请学生家长和学校管理人员旁听，通过以案释法的生动方式，使学校和家长主动监督并教育未成年人坚决抵制非法客运车辆，进而避免和减少未成年人的安全隐患。通过"惩罚犯罪"与"警示教育"相结合，既严肃处罚了非法从事校车业务且严重超载的犯罪行为，又对学校和未成年人父母起到了警示教育的作用，有助于从树立正确的校车安全的思想观念等源头入手，强化对未成年人的保护措施。

另一方面，未成年人保护工作是系统工程，需要各部门齐抓共管、协同配合。本案中，人民法院在案件审理后，向教育、交通、交警部门发出司法建议，这有助于落实前述国家和四川省有关儿童发展纲要中各部门联动协作以保护未成年人的工作要求，对于在全社会建立校车安全联动工作体系、健全未成年人保护全方位工作链条，都具有较强的指导意义和实践价值。

案例二

刘某诉何某、黄某、某文化传媒有限公司网络侵权责任纠纷案

——限制民事行为能力人与其年龄、智力不相符的网络充值款项应当返还

【基本案情】

2021年1月,原告刘某之女黎某（11周岁）看到某主播宣称免费赠送"迷你世界"皮肤后,按照其指示添加某QQ号以及QQ群。群成员的客服主动联系黎某,以视频通话方式欺诈引导,指导黎某使用刘某的微信账号进行扫码付款等操作。黎某使用其母亲的账号向两个ID扫码付款6次,共计支付15000元。该两个ID绑定主体分别为黄某、何某,案涉交易平台的运营主体为某文化传媒有限公司。经查,交易过程与游戏"迷你世界"并无关联。刘某诉至法院,要求判令何某、黄某、某文化传媒有限公司共同返还15000元。

【裁判结果】

人民法院经审理认为,黎某在行为当时系限制民事行为能力人,经QQ账号"迷你领取客服D4"的引导,在原告不知情的情况下通过原告的微信账号代付了充值订单,实际充值款由该二账号获取。该二账号的所有人无法律根据获益,且其获益使原告遭受损失,应当予以返还,故判决被告何某和黄某返还其15000元。对于原告要求被告某文化传媒有限公司承担还款责任的诉请,缺乏事实和法律依据,依法不予支持。

【典型意义】

随着互联网经济爆发增长,大量具有货币充值、打赏、提现等交易

功能的网络平台应运而生。由于未成年人判断力有限、网络安全意识薄弱，导致未成年人受到他人欺骗而进行大额网络游戏充值、打赏等现象频发。本案审理中，法院发现案涉平台存在注册账号时无须实名认证、当充值账号 IP 地址与订单账号 IP 地址不一致时仍可通过充值流程等程序漏洞。在判决作出后，通过向案涉平台公司发出司法建议的方式，提醒平台方应切实履行监管责任，在保护个人隐私基础上，利用技术手段提高未成年用户识别能力，积极采取设置未成年人模式、加强钱款流动管理等方式，降低交易风险，织密保护网。案涉平台公司亦回函表示将采取必要措施，及时与支付宝、财付通公司对接开展支付的验证功能。本案例也提醒各位家长，应注重对孩子的有效陪伴，以身作则减少对网络游戏、视频等的过度依赖，引导孩子树立正确的消费观和价值观，培养积极健康的生活兴趣，可通过在未成年人使用的电子产品上设置青少年保护模式的方式，防止未成年人长时间沉迷网络，并妥善保管好个人手机和银行卡密码，避免为未成年人网络打赏、充值提供工具和条件。

【专家点评】

点评人：王竹／四川大学市场经济法治研究所所长，法学院教授、博士生导师，国家级青年人才

近年来，随着互联网技术的进步，包含游戏装备代买、虚拟币充值、直播打赏等功能的新业态网络平台呈现爆发增长趋势，在推动行业发展、丰富文化供给的同时，也带来了平台主体责任缺失、网络信息良莠不齐、直播打赏行为失范等诸多乱象，严重损害未成年人的身心健康。本案作为人民法院通过要求网络主播返还不当得利保护未成年人权益的典型案例，具有如下重要意义。

其一，揭露网络骗局，规范直播秩序，促进直播行业规范发展。经查，一方面，在直播过程中，网络主播以"免费领取游戏皮肤"为噱头，诱导观众添加"游戏工作人员"社交账号，为诈骗团伙引流；另一方面，诈骗团伙假冒游戏官方工作人员，在明知对方为未成年人的情况下，诱

导原告女儿使用原告微信账号支付15000元。本案中，人民法院通过认真梳理证据，准确还原了案涉直播骗局的全部流程，起到了"办理一案、警示一片"的良好效果，对于进一步规范直播行业具有重要意义。

其二，坚持标本兼治，作出司法建议，夯实网络平台主体责任。本案中，人民法院虽未认定案涉平台责任，但在审理过程中发现案涉平台存在诸多容易被不良用户利用的程序漏洞。判决作出后，人民法院通过向案涉平台公司发出司法建议的方式，敦促网络平台协同配合、齐抓共管，敦促平台尽快修复程序漏洞，利用实名认证、防沉迷系统等技术手段从源头上降低未成年人权益受损的风险，提醒平台切实履行监管责任，坚决遏制类似案件再度发生，共建文明健康的网络生态环境。

其三，聚焦家庭教育，强调价值引领，敦促家长履行监护责任。本案中，基于被告利用未成年人涉世未深的特点获取不当得利的案件事实，人民法院强调：一方面，未成年人自我防范和自我保护意识较弱，家长要注重对孩子的有效陪伴，引导孩子正确使用网络并进行相应的监督，尤其要关注孩子观看网络直播、与陌生人交流等情况，逐渐培养和提高孩子识别风险、自我保护的意识和能力；另一方面，家长要充分认识到未成年人心智发育不完整、识别判断能力差的特点，注重家庭教育，坚持以社会主义核心价值观为引领，引导孩子树立正确的消费观和金钱观，坚决杜绝孩子在直播打赏、游戏充值等方面产生攀比心理。

案例三

黄某申请人身安全保护令案
——人身安全保护令+家庭教育指导令+跨部门协调联动，多维保护被家暴未成年人

【基本案情】

黄某（男，11周岁）时常被父亲以殴打等暴力方式进行"教育"，

出现了情绪不稳定、遇事易冲动等心理和行为问题。经学校反映,当地派出所与学校、检察院、未保中心联合于 2021 年对黄某父亲进行教育训诫并给予行政警告,但其仍未完全改变错误教育方式。2022 年 5 月,黄某父亲因琐事再次辱骂、脚踢黄某,黄某产生轻生念头并写下遗书。老师发现后立即向相关部门反映情况,各部门迅速启动"一站式反家暴"工作机制。在妇联指导下,黄某母亲通过"蓉易诉"平台递交相关证据材料,请求法院依法发出人身安全保护令。

【裁判结果】

人民法院在收到申请后六小时内便作出人身安全保护令,裁定:禁止黄某父亲对黄某实施殴打、辱骂、体罚、变相体罚等家庭暴力行为。为了有效改变黄某父亲错误的教育理念,人民法院一并作出家庭教育指导令,责令黄某父亲自 2022 年 6 月起,每月到妇女联合会接受家庭教育指导一次,为期半年;责令黄某父亲在对黄某教育的过程中尊重其人格尊严,多关注其生理、心理状况和情感需求。

裁定作出后,黄某父亲未申请复议。"双令"均已发生法律效力。黄某父亲定期接受家庭教育指导后,亲子家庭关系和行为模式得以改善。

【典型意义】

本案系《反家庭暴力法》《家庭教育促进法》实施以来,四川省首例同时作出人身安全保护令和家庭教育指导令的案件。"双令"模式将人身安全保护令侧重禁止行为层面扩展到家庭教育指导令侧重指导行为层面,既为当事人划定不可为的"负面清单",更为当事人提供应该为的"正面清单"。本案通过"禁止+指导+机构联动"三个层面,引导未成年人父母依法履行监护职责,保护未成年人免受家庭暴力。本案中,人民法院充分发挥"一站式反家暴"工作机制作用,第一时间作出人身安全保护令,为黄某提供及时便捷全面的保护措施,彰显了司法权威。同时,法院、公安、妇联、学校等建立联动机制,定期回访了解"双令"执行情况。本案通过"双令"引导父母在教育孩子时"导之以道而勿强",构建和谐家庭环境,树立良好家德家风,呵护未成年人健康成长。

【专家点评】

点评人:王明成/成都理工大学文法学院教授、四川省妇女儿童权利保护研究中心研究员、四川省法学会法治文化研究会副会长、民法学会常务理事

反家庭暴力是一项系统工程,任何一个单一部门、单一措施尚不能全面、完全满足受暴者的多样化服务需求。因此,反家庭暴力既要有多机构联动的工作机制,也要通过协调适用,使《反家庭暴力法》《家庭教育促进法》《未成年人保护法》等规范指引见之于实际。

本案"一站式"反家暴工作机制的实施,将法院、公安、妇联等部门纳入反家暴联动,通过搭建"蓉易诉"线上平台,畅通人身安全保护令申请绿色通道,法院及时、有效发出人身保护令的积极探索,在我国反家庭暴力多机构联动的工作机制方面提出创新方案和深化举措,具有较强的普适推广意义。同时,人民法院坚持能动办案、案结事了,根据反家庭暴力的特殊性,依据客观案情,主动将反家庭暴力法与家庭教育促进法结合适用,同步签发家庭教育指导令,从思想源头疏导防范家庭暴力行为,既为家庭教育促进事业提供了系统化思维的能动司法方案,也探索出反家庭暴力法律协同的现实路径,实现法律效果和社会效果的有机统一,在法律强制、法治教育和合力实施方面具有典型意义。

案例四

陈某某诉马某等人健康权纠纷案
——支持校园欺凌受害者精神损害抚慰金

【基本案情】

陈某某（15周岁）、马某（15周岁）系初三同班同学。在校期间，马某常有欺凌陈某某迹象。某日，马某上课期间拍打睡觉的陈某某背部让其起来学习，与陈某某发生口角，后在课间休息时趁其不备踢打陈某某，陈某某反抗未果，被马某持木棍打伤头部及腿部。陈某某伤后住院治疗12天，被诊断为"创伤后应激障碍""焦虑抑郁状态"。陈某某遂将马某及其父母诉至法院，请求赔偿陈某某的各项损失，其中精神损害抚慰金5万元。

【裁判结果】

人民法院经审理认为，行为人因过错侵害他人身体健康造成损害的，应当承担侵权责任。马某故意殴打致伤陈某某的行为，已经构成侵权，其依法应当对陈某某承担侵权赔偿责任。同时，陈某某住院治疗期间被诊断为"创伤后应激障碍""焦虑抑郁状态"，可以认定其精神严重受到损害。综合陈某某伤情、病情及案件实际情况，判决马某及其监护人赔偿陈某某各项费用2万余元，其中精神损害抚慰金8000元。

案件审结后，针对马某长期欺凌同学的不良行为及其家庭监护教育失职等问题，人民法院向马某父母发送了责令履行监护责任告诫书、家庭教育指导令，联动学校在涉诉未成年人家庭教育指导站对马某父母进行了精准的"一对一"家庭教育指导。经过指导，马某父母对马某的监护职责和家庭教育得以强化，亦主动履行了生效判决确定的义务，马某及其父母主动向陈某某赔礼道歉。针对陈某某因受到欺凌心理受损的情况,人民法院邀请社工组织为陈某某提供心理咨询辅导,缓解陈某某的抑郁心理状态。同时,人民法院向县教育和体育局发送司法建议,建议提升学校预防未成年人遭受校园欺凌的意识,完善学校预防未成年人遭受校园欺凌工作机制和应急预案,强化协作机制,进一步健全学校与住校学生的家长之间的信息沟通机制,形成学生校内、校外保护安全网。县教育和体育局按照司法建议,在全县建立了学生欺凌防控工作制度,并对教职员工、学生等开展了防治学生欺凌的教育和培训。

【典型意义】

近年来,校园欺凌事件频发,引发社会大众高度关注。欺凌双方均为未成年人时,既要注重对被欺凌者的全面保护,也不能忽视对未成年欺凌者的教育矫治。对遭受欺凌的未成年人,极易因欺凌而产生精神抑郁、焦虑、交友障碍等严重心理问题,应当重视欺凌行为给其造成的心理创伤,关注后期心理修复情况;对实施欺凌的未成年人,也应当关注其产生不良行为的原因,采取相应措施对其进行矫治教育,预防其走向违法犯罪道路。本案是一起学生欺凌典型案例,陈某某受到欺凌后产生的创伤后应激障碍、焦虑抑郁状态,不愿返校上学,均是被欺凌者产生的常见心理问题。人民法院结合本案发生原因、陈某某受伤情况及医院诊断证明,适当支持陈某某精神损害抚慰金请求,能够在一定程度上抚慰陈某某遭受欺凌后受到的心理伤害,帮助陈某某尽快走出被欺凌的阴霾,体现了对未成年人的特殊、优先保护。同时,人民法院突破就案办案思维,在案件办理过程中主动延伸司法服务效能,对涉案未成年人开展家庭教育指导、心理辅导、普法宣传等,彰显了人民法院对未成年人的人文关怀。人民法院还通过发送司法建议,将未成年人司法保护与犯罪预防融入基层社会治理,力争从源头预防和治理校园欺凌行为,营造良好校园氛围,对推进平安校园、和谐校园建设具有重要意义。

【专家点评】

点评人:李成/四川大学法学院教授、博士生导师未成年人代表着国家的未来,其身体、心理健康均受到法律的特别保护。本案涉及的校园欺凌行为发生在学生之间,一方蓄意或者恶意通过肢体、语言及网络等手段实施欺压、侮辱,造成另一方人身伤害、财产损失或者精神损害的行为。考虑到未成年人心智状态更为脆弱,即使是程度较轻的欺凌行为亦足以在心理层面对其造成持续甚至永久创伤,妨碍未成年人融入校园环境、正常学习生活和参与社会交往。因此,相较于成年人,未成年人的身心健康应当获得法律更为周延的保护。人民法院在要求责任人赔偿医疗费用等物质损失的同时,结合实际情况适当给予未成年受害者一定的精神损害赔偿,生动践行了未成年人特殊、优先保护的法律原则。

值得注意的是,中小学等教育机构是未成年人较为集中的场所,也是校园欺凌的易发、高发场所。校园欺凌的成因复杂,除欺凌者个体身心状况外,家庭教育不到位、校园欺凌防治机制不健全等也是导致学生欺凌频繁发生的重要诱因。治理校园欺凌既需要人民法院就个案论案,提供周密的事后救济,也应当超越个案框架,审视并回应欺凌行为发生的深层原因,做好事前预防。本案中人民法院在依法裁判的同时,能动运用家庭教育指导令等手段督促欺凌者父母认真履行家庭教育责任,积极作出司法建议提示主管部门尽职履责完善校园欺凌防治机制,实现了校园欺凌个案保护与源头预防兼备、短期应对与长期治理协同的良好效果。

案例五

某社区居民委员会申请撤销苟某、熊某监护人资格案
——撤销事实无人抚养龙凤胎父母监护权资格

【基本案情】

苟某(男)、熊某(女)生育一对龙凤胎后,苟某长期吸毒、熊某

不知所踪，苟某的父母也相继去世，龙凤胎被申报认定为事实无人抚养儿童，暂由儿童福利院代养。当地某社区居委会依法申请撤销苟某、熊某的监护人资格，并请求指定当地某社区居委会作为龙凤胎的监护人。

【裁判结果】

人民法院经审理认为，苟某、熊某存在怠于履行监护职责导致被监护人处于危困状态的行为，故依法撤销苟某、熊某二人监护人资格，并指定当地某社区居民委员会作为龙凤胎的监护人。

【典型意义】

监护权既是一种权利，更是法定义务，当父母不履行监护职责时，人民法院可以依据有关个人或组织的申请，撤销监护人的监护资格，依法另行指定监护人。本案中，龙凤胎父母长期缺位监护，家庭帮助、保护和监督功能趋于弱化，对未成年人的成长极为不利。人民法院依法撤销苟某、熊某二人的监护人资格，并按照最有利于被监护人的原则，依法指定当地某社区居委会为监护人。将基层组织作为家庭监护的有效补充，为两个孩子的健康成长提供一个安全、稳定、有序的环境，体现了平等、和谐的社会主义核心价值观，展现了司法的温度与力度。同时，警醒抚养义务人，父母或者其他监护人因不履行监护职责或者侵害被监护的未成年人的合法权益，被人民法院依法撤销监护人资格的，其法定抚养义务并不因此而免除，仍应当继续履行负担抚养费的义务，而且可能被追究相关法律责任。

【专家点评】

点评人：王燕莉/四川师范大学法学院副教授，教育部青少年法治教育中心特聘研究员，首届成渝两地妇女权益维权专家，四川省民法学研究会理事

从儿童利益最大化的角度出发，监护权更是一种法定义务。在《民

法典》《未成年人保护法》《家庭教育促进法》等法律中均明确规定了父母的监护职责。同时，对于不履行或不切实监护职责的情况，可以依法撤销监护权。

本案中，案涉父母存在明显的不履行监护职责的行为。某社区居民委员会作为基层组织，依法向人民法院提出撤销监护人的监护资格，既是法律赋予的职权，同时也是履行监护监督的表现。最终，法院依法撤销监护人资格，并依法指定当地某社区居委会为监护人，从而最大程度实现对未成年人的保护。司法的力量不仅在于裁决是非，更在于解决问题，化解危机。通过司法裁判传递社会对未成年人的关爱，无疑体现了司法的温度。这种"力"与"爱"的结合，正是当代中国司法的特色与生命力。

案例六

刘某诉宋某、杨某债权人撤销权纠纷案
——生父为逃避支付抚养费而恶意转移财产的行为应予撤销

【基本案情】

刘某（12周岁）系宋某（男）的非婚生女。2022年4月，刘某诉请宋某支付抚养费。开庭当日，宋某未到庭参加诉讼，与其妻杨某到不动产登记中心，将夫妻双方共有的一处住房变更登记为杨某单独所有。2022年5月，人民法院判决宋某支付抚养费10万余元，并承担刘某从2022年4月起至年满18周岁的抚养费。该判决生效后，宋某未履行给付义务，刘某申请强制执行。执行过程中，法院在扣划了宋某银行存款和网络资金7000余元后，因未发现宋某有其他财产可供执行，遂终结本次执行程序。之后，刘某提起债权人撤销权之诉，请求撤销宋某前述转移财产的行为。

【裁判结果】

人民法院经审理认为，宋某作为刘某的父亲，对未成年子女有抚养的义务，其在明知刘某起诉要求支付抚养费的情况下，将其与杨某共同所有的房屋无偿转移登记至杨某个人名下。该行为导致刘某在申请执行抚养费时，仅执行到位7000余元。宋某无偿转让财产的行为，影响对刘某抚养义务的履行，损害未成年人的合法权益。遂判决撤销宋某将其所有的房屋份额转移登记给杨某的行为。

【典型意义】

本案是生父为逃避支付非婚生子女抚养费而恶意转移财产的典型案例。《民法典》第一千零七十一条第二款规定："不直接抚养非婚生子女的生父或者生母，应当负担未成年子女或者不能独立生活的成年子女的抚养费。"本案中，宋某作为刘某的生父，为了逃避抚养费给付的法定义务，将夫妻共同财产转移登记至妻子个人名下，致刘某的抚养费无法执行，严重损害未成年子女的合法权益。人民法院根据《民法典》第五百三十八条债务人以无偿转让财产的方式无偿处分财产权益，影响债权人的债权实现的，债权人可以请求人民法院撤销债务人的行为的规定，判决撤销该转移登记的行为，有效维护了未成年人的合法权益。本案提示家长，父母对未成年子女的抚养义务是法定义务，抚养费的给付不因子女是否婚生而受影响。

【专家点评】

点评人：刘洲/四川师范大学法学院副教授，教育部青少年法治教育中心特聘研究员

抚养未成年子女是父母的法定义务，这种义务并不以父母双方是否缔结婚姻关系为前提。现实生活中，有时会出现男女双方在没有缔结婚姻的前提下生育孩子的情形，此即为法律上的"非婚生子女"。问题在

于，造成非婚生的原因在于父母而非子女，不应由子女承担不利的后果。正因如此，我国《民法典》不仅明确赋予非婚生子女和婚生子女同等的法律地位，而且特别规定："不直接抚养非婚生子女的生父或者生母，应当负担未成年子女或者不能独立生活的成年子女的抚养费。"

本案中，原告生父将夫妻共同财产转移登记至妻子个人名下，从而导致原告的抚养费无法执行，显然是为了逃避抚养费给付法定义务，严重损害未成年子女的合法权益。对此，人民法院判决撤销该转移登记的行为，不仅有效保障了未成年子女的合法权益，而且依法向那些恶意逃避法定抚养义务的行为人说"不"。本案的审理不仅切实保障了未成年子女的合法权益，而且有效地维护了法律的尊严，传递了家事审判的温度，彰显了司法为民的宗旨。

案例七

宋某诉吴某变更抚养关系纠纷案

——贯彻未成年子女利益最大化原则，通过调解变更抚养权，为未成年人健康成长提供良好、稳定、适宜的成长环境

【基本案情】

宋某（男）与吴某（女）经人介绍相识同居，于2009年生育非婚生子吴某某。双方分手后因争夺抚养权诉至法院，后达成调解协议，吴某某由吴某抚养，宋某每月支付生活费800元。吴某后患上精神疾病，被评定为精神残疾三级，吴某某跟随外公外婆生活。吴某某在学校停课后，因生病找到宋某，宋某带其就医后又送回外公家。宋某离开后，吴某某的外公外婆不再让其进屋，致其在外游荡数日。后吴某某被当地村民发现，由宋某接回家中照顾，并诉求变更抚养权。

【裁判结果】

人民法院在审理过程中了解到，吴某于 2019 年 4 月被纳入农村最低生活保障，且无其他经济收入来源。为了更妥善处理本案，法院会同妇联及当地村委会，对当事人充分释法明理并多次调解，最终促成双方达成调解协议：吴某某由宋某直接抚养，并由宋某承担吴某某的抚养费。

针对各方当事人存在对吴某某监管缺失、严重影响未成年子女身心健康的情况，人民法院依照《家庭教育促进法》的相关规定，向吴某、宋某发出家庭教育指导令，并再次会同镇政府、妇联、村委会，分别对吴某、宋某进行家庭教育指导，送达家庭教育责任告知书，并就家庭教育的具体内容与方法进行了专业化指导，吴某、宋某签署主动履责承诺书。

【典型意义】

父母对未成年子女负有抚养、教育和保护的义务。本案事实表明，对于父母一方丧失监护能力的，另一方如监护责任跟进不及时，极易对未成年人健康成长带来严重不利后果。鉴于吴某目前的经济和精神状况，抚养吴某某的实际能力有限，人民法院贯彻未成年子女利益最大化原则，通过调解变更抚养权，确保了未成年人的生存、生活条件得到有效保障。同时，通过家庭教育指导工作督促家长切实履行监护职责，在重视未成年人物质保障的基础上给予精神赋能；通过相关单位协同会商的方式，凝聚基层社会治理合力，拓展矛盾纠纷化解路径，多层面构建未成年人保护屏障。本案的处理不仅融情于法，彰显了司法的温情与担当，而且将社会主义核心价值观根植于司法办案之中，大力弘扬和倡导了优良的家风和家庭美德，实现了法律效果和社会效果的有机统一。

【专家点评】

点评人：谢旻荻/四川师范大学法学院副教授，教育部青少年法治教

育中心特聘研究员,四川省民法学研究会理事

本案属于人民法院深入贯彻《未成年人保护法》中未成年人利益最大化原则,积极发挥司法能动作用,全力落实家庭教育促进法中家庭教育工作联动机制的典型案例。

未成年人保护是关系国家兴衰存亡的大事,需要引起全社会的重点关注。家庭是未成年人保护的第一站,家庭教育是孩子人生的第一课堂,父母是这一课堂的第一任老师。如果第一课堂缺位或者存在瑕疵,势必影响未成年人的身心健康和正常成长。实践中,未成年人保护是一项立法、司法和执法等各领域各部门多管齐下,共同发力的巨大工程。在立法层面,《未成年人保护法》和《家庭教育促进法》发挥着极其重要的作用。然而当未成年人面临家庭教育缺失,合法权益遭受侵犯时,人民法院在筑建未成年人司法保护防线,推动家庭教育工作联动机制有效运行等方面,作用十分显著。本案中,法院适时发出家庭教育指导令,并会同镇政府、妇联、村委会,对未成年人父母进行家庭教育指导,同时向其送达家庭教育责任告知书,让其签署主动履责承诺书,就家庭教育内容与方法进行专业化指导。本案中人民法院主动汇集多方力量,推进以"法"治家;并结合未成年人特点,积极探索新的矛盾化解机制。案件通过调解变更抚养权,着力打造亲情式司法保护方式,为有效解决涉未成年人利益纠纷,提供了重要的范例和有益的经验。

2024 年中国审判指导丛书征订单

《中国审判指导丛书》——各级人民法院审判工作权威参考指导用书							
代号	书　名	全年辑数	定价	邮费	合计	订购份数	合计
202410	《刑事审判参考》	六辑	408.00	61.20	469.20		
202411	《民事审判指导与参考》	四辑	272.00	40.80	312.80		
202412	《商事审判指导》	两辑	136.00	20.40	156.40		
202413	《立案工作指导》	两辑	136.00	20.40	156.40		
202414	《审判监督指导》	两辑	136.00	20.40	156.40		
202415	《知识产权审判指导》	两辑	136.00	20.40	156.40		
202416	《涉外商事海事审判指导》	两辑	136.00	20.40	156.40		
202417	《中国少年司法》	四辑	272.00	40.80	312.80		
202418	《执行工作指导》	四辑	272.00	40.80	312.80		
202419	《国家赔偿与司法救助办案指导》	两辑	136.00	20.40	156.40		
合计总额：¥			万　仟　佰　拾　元　角　分				

银行汇款方式：　　　　　　　　　　　　　　**邮局汇款方式：**

开户行：工行北京国家文化与金融合作示范区金街支行　　邮　编：100745
户　名：人民法院出版社有限公司　　　　　　　　　　地　址：北京市东城区东交民巷 27 号
账　号：0200000709004606170　　　　　　　　　　　单　位：人民法院出版社有限公司

订购单位（含详细地址）			
纳税人识别号		电子邮箱	
邮编	联系人	联系电话	
汇款单位（人）		汇款日期	

人民法院出版社工作总站联系人：
靖存锴　010-67550595/18601032892（微信同号）
王玺佳　010-67550536/18601031761（微信同号）
请填写完整后发传真至 010-67550541 或拍照发邮件至 fysgzzz@163.com。

中国审判指导丛书
——各级人民法院审判工作权威参考指导用书

《刑事审判参考》：最高人民法院刑事审判第一庭、第二庭、第三庭、第四庭、第五庭共同主办。自2021年起，丛书由人民法院出版社出版发行，作为《中国审判指导丛书》的重要组成部分。丛书自1999年4月创办以来，秉承立足实践、突出实用、重在指导、体现权威的编辑宗旨，在编辑委员会成员、作者和读者的共同努力下，密切联系刑事司法实践，为刑事司法人员提供了有针对性和权威性的业务指导和参考，受到刑事司法工作人员和刑事法律教学、研究人员的广泛欢迎。丛书主要收录指导案例、刑事司法规范及其理解与适用、刑事政策及其解读、理论前沿、实务探讨、编辑部答疑、经验交流、疑案争鸣等内容。2021年，作者将对丛书的体例、栏目设置及相关内容等进行完善和提升，力求以全新的面貌将更权威、实用的内容展现给读者。全年6辑，每辑68.00元，共408.00元。

《民事审判指导与参考》：最高人民法院民事审判第一庭编。丛书收录最高人民法院关于民事审判工作的司法解释及其理解与适用、指导意见和最新政策精神及其解读、民事审判会议纪要、最高人民法院典型案例评析、示范性裁判文书、实务研讨、理论研究、各地方法院经验交流等内容，旨在传播最高人民法院和地方各级人民法院的优秀民事审判工作经验，对最新疑难经典案例进行探讨与解析，提供审判实践中解决疑难问题的思路，是最高人民法院民事审判第一庭履行对下指导职责的工作平台。全年4辑，每辑68.00元，共272.00元。

《商事审判指导》：最高人民法院民事审判第二庭编。丛书刊登最高人民法院关于商事审判工作的指导意见、司法解释及其理解与适用、典型案例评析文章、示范性裁判文书、地方实务调研成果、理论研究文章等。丛书对各级人民法院商事审判工作具有重要指导作用和参考价值。全年2辑，每辑68.00元，共136.00元。

《立案工作指导》：最高人民法院立案庭编。丛书主要收录有关立案的司法解释理解与适用、各级人民法院立案工作的实践经验、调研报告和案例评析等。丛书对各级人民法院立案工作具有重要指导作用和参考价值。全年2辑，每辑68.00元，共136.00元。

《审判监督指导》：最高人民法院审判监督庭编。丛书主要收录关于审判监督工作的司法解释及其理解与适用、最新的政策与精神及其解读、最高人民法院案例评注、典型案例、会议纪要、优秀裁判文书、业务交流等内容。另外，还设置了审监信箱，回应全国法院审判监督工作中的疑难问题。丛书对各级人民法院审判监督工作具有重要指导作用和参考价值。全年4辑,每辑68.00元,共272.00元。

《知识产权审判指导》：最高人民法院民事审判第三庭编。丛书主要内容包括知识产权审判政策与精神、司法解释理解与适用、调研报告和案例评析,以及反映知识产权审判动态的专题论述和优秀裁判文书等。丛书对各级人民法院知识产权审判工作具有重要指导作用和参考价值。全年2辑,每辑68.00元,共136.00元。

《涉外商事海事审判指导》：最高人民法院民事审判第四庭编。丛书收录当年出台的司法解释、司法指导性文件以及涉外商事案件相关问题的批复和案例评析,重点收录最高人民法院对高级人民法院有关国际商事仲裁裁决司法审查法律问题请示的复函,并附有高级人民法院的请示。丛书对各级人民法院涉外商事海事审判工作具有重要指导作用和参考价值。全年2辑,每辑68.00元,共136.00元。

《中国少年司法》：最高人民法院少年法庭指导小组编。丛书设置了有关少年司法工作的政策与精神、法官论坛、改革与探索、理论与实务研究、典型案例、裁判文书以及规范性文件等栏目。丛书的出版,旨在切实加强对少年司法工作相关问题的研究、加强对全国少年法庭工作的指导、强化相关方面的调查研究和理论探讨。丛书对各级人民法院少年审判工作、相关政法部门少年司法执法工作和有关社会组织的未成年人权益保护工作,都有重要的指导作用。全年4辑,每辑68.00元,共272.00元。

《执行工作指导》：最高人民法院执行局编。丛书对我国目前执行工作中的重点、热点和难点问题,从不同角度进行理论研究和实践经验的提炼与总结;同时,丛书紧紧围绕最高人民法院执行工作大局,紧密结合执行工作理论与实践,为全国广大法官以及其他法律职业者提供及时、权威的执行工作业务指导和参考,对正确理解相关规定、统一执法标准和破解执行难问题具有重要指导作用。全年4辑,每辑68.00元,共272.00元。

《国家赔偿与司法救助办案指导》：最高人民法院赔偿委员会办公室编。编委会成员分别由全国人大法工委国家法室、最高人民法院赔偿委员会办公室、最高人民检察院刑事申诉检察厅、公安部法制局、司法部法制司、财政部条法司等部委工作人员组成,收录了国家赔偿与司法救助相关的政策、法律法规、司法解释及其理解与适用,有普遍指导意义的请示案件及其答复,重大新型疑难案例评析,国家赔偿理论与实务研究,国家赔偿工作调研报告,地方国家赔偿工作动态等内容,集中反映最高人民法院、最高人民检察院等单位对于国家赔偿工作重要政策、观点、理论研究和实践指导的意见,对国家赔偿与司法救助工作具有重要的指导作用和参考价值。全年2辑,每辑68.00元,共136.00元。